El Poder de una
VIDA DE
ORACIÓN

Descubre la libertad,
la plenitud y el verdadero éxito
que Dios tiene para ti

STORMIE
OMARTIAN

Unilit

Sepa

Publicado por
Editorial Unilit
Miami, Fl. 33172
Derechos reservados

© 2011 Editorial Unilit (Spanish translation)
Primera edición 2011

© 2010 por Stormie Omartian
Originalmente publicado en inglés con el título:
The Power of a Praying Life por Stormie Omartian.
Publicado por Harvest House Publishers
Eugene, Oregon 97402
www.harvesthousepublishers.com

Traducción: Mayra I. Urízar de Ramírez
Fotografía de la portada: © 2011 Lilkar.
Usado con la autorización de Shutterstock.com

Producto 495750
ISBN 0-7899-1814-5
ISBN 978-0-7899-1814-7

Impreso en Colombia
Printed in Colombia

Categoría: Vida cristiana/Crecimiento espiritual/Oración
Category: Christian Living/Spiritual Growth/Prayer

Porque yo sé muy bien los planes que
tengo para ustedes —afirma el SEÑOR—,
planes de bienestar y no de calamidad, a
fin de darles un futuro y una esperanza.
Entonces ustedes me invocarán, y
vendrán a suplicarme, y yo los escucharé.
Me buscarán y me encontrarán, cuando me
busquen de todo corazón.

JEREMÍAS 29:11-13, NVI

Contenido

¿QUÉ PUEDO HACER PARA QUE MI VIDA MARCHE BIEN?

Todos tratamos de hacer que nuestra vida marche bien. Y aunque no siempre sabemos con seguridad cuando sucede, de seguro que sabemos cuándo no es así.

Una vez que tu vida marcha bien, eso no significa que todo sea perfecto. Significa que estás en un lugar de paz con Dios y sabes sin lugar a dudas que estás en sus manos y que Él no te desamparará, ni te dejará colgando de un precipicio, ni te abandonará en tiempos desafiantes, difíciles o duros. Cuando tu vida marcha bien, tienes una certeza profunda y permanente de que las cosas van a salir bien en tu futuro, sin importar lo que esté pasando hoy. Quiere decir que aunque algo salga mal, sabes que tienes acceso a un poder que puede hacer que vuelvas a estar bien. Ese poder solo viene de una fuente: Dios. Además, Él tiene ciertas especificaciones para sacarle provecho. Cuando vivimos de acuerdo con esas especificaciones, la manera en que Él quiere que vivamos, nuestra vida marcha bien.

Todos deseamos estabilidad y firmeza en nuestras vidas. No es bueno vivir al azar ni a la suerte. Eso es demasiado imprevisible. Queremos saber que podemos contar con tener la habilidad de tomar buenas decisiones. Nunca tendremos la paz que deseamos si nuestra vida no progresa bien debido a que no tuvimos la sabiduría para la toma de buenas decisiones. Queremos ser capaces de evitar hacer cualquier cosa tonta que traerá consecuencias indeseables. Deseamos tener un conocimiento progresivo de nuestro propósito y un sentido de esperanza en cuanto a nuestro futuro. Sin embargo, ¿dónde adquirimos ese sentido de propósito, esperanza, paz, sabiduría, estabilidad y firmeza? Eso viene de Dios. A fin de lograr esto en nuestras vidas, tenemos que conectarnos con Dios de una manera profunda y poderosa. No podemos disfrutar de libertad, plenitud, ni éxito genuino sin esta conexión vital.

¿Qué es el verdadero éxito?

No te crearon para vivir en esclavitud, quebranto, ni en fracaso tras fracaso. Te colocaron aquí para que tengas una vida dada por Dios de poder, propósito y logros. Dios quiere que vivas en verdadera libertad, en verdadera plenitud y en verdadero éxito.

La verdadera libertad no significa que hagas todo lo que quieras. Significa que Dios te libera de cualquier cosa que evite que hagas lo que *Él* quiere que hagas. Significa ser libre para llegar a ser más semejante al Señor cada día, de modo que puedas vivir la vida para la que Él te creó y que llegues a ser todo para lo que Él te creó. Significa liberarte de las restricciones, los temores, las falsas creencias y las emociones negativas que impiden que te desplaces hacia todo lo que Dios tiene para ti.

La verdadera plenitud significa que todo lo que está destrozado en tu vida vuelve a su estado original de una manera duradera a fin de que te permita llegar a ser una persona plena. No significa que seas perfecto, sino que la *perfección del Señor* pueda brillar *en* ti y pueda *obrar* a través de ti, no solo para *tu* beneficio, sino para el beneficio de los demás. Cuando algo en tu vida está roto, Dios puede repararlo y volver a hacerlo como si fuera nuevo. La presencia de la santidad de Dios puede darte plenitud.

El verdadero éxito es la clase de éxito que *Dios* tiene para ti. Sus caminos son distintos a los del mundo. Cuando la gente piensa en el éxito, muy a menudo visualiza que es rica y famosa. O que está en la cima de cualquier cosa que haga. Sin embargo, el verdadero éxito no se trata de riqueza, fama, ni logros terrenales. El verdadero éxito es conocer quién eres en el Señor y nunca violar eso. Es confiar en que Dios tiene un buen futuro para ti, sin importar cómo se *presenten* las cosas en el momento. He conocido a muchos ricos, famosos y gente que ha logrado mucho, que eran desdichados porque perseguían un sueño egoísta de su propia creación. He presenciado el vacío de una vida que se ha vivido por completo para sí misma y, en realidad, no hay nada de éxito en eso. Eso no significa que la riqueza, la fama y los logros sean todos malos. Si estás haciendo lo que Dios te ha llamado a hacer y el Señor te bendice con esas cosas, son buenas. Además, puedes disfrutar esa clase de éxito siempre y cuando estés usando parte de lo que Dios te da para ayudar a otros.

El verdadero éxito no significa que nunca tendrás problemas. Significa que cuando pases por un tiempo difícil, tienes un sentido profundo de que Dios está contigo y te *sacará* de esto, o *a través* de esto, con éxito. Significa que ves la mano de Dios en tu vida y reconoces su presencia y su toque con un corazón agradecido.

El verdadero éxito significa que entiendes los caminos de Dios y el corazón de Dios, y te deleitas en gran medida en honrarlo al vivir según sus leyes y en sus caminos.

El verdadero éxito significa vivir en una relación estrecha con Dios cada día y encontrar todo lo que necesitas *en* el Señor y *del* Señor. Es tener una profunda paz interna porque sabes que Dios está a tu lado y siempre está allí para ti. Es creer que Dios es mayor que cualquier cosa que enfrentes y confiar en que su poder puede influir de una manera positiva en cada situación que te amenace. Es saber en tu alma que Dios tiene una solución, una salida o una manera de enfrentar cualquier problema que surja. Es una fe firme en que Dios escucha tus oraciones y que las responderá, a su manera y a su tiempo. Es percibir el amor de Dios en tu vida y poder extenderlo a otros de la manera que Él quiere que lo hagas. Es confiar que Dios tiene la respuesta a cada pregunta que tienes, así que dejas de obsesionarte por tus preguntas y comienzas a confiar en sus respuestas.

El verdadero éxito es llegar a ser la persona que tienes que ser, lo que eres en realidad, y aceptar que quien eres de verdad es *bueno*. Este conocimiento te libera de tener que compararte a cada momento con otros y de siempre sentir que te quedas corto. Te libera de la tiranía de las imágenes y los estilos de vida que se presentan en la televisión, las películas, las revistas y los libros que pueden hacerte creer que estás fracasando si no vives a su altura. Medir tu valor con esas normas pondrá a tu mundo de cabeza de lo que se supone que debe ser. Dios tiene mucho más que eso para ti.

La libertad, la plenitud y el éxito que son verdaderos solo pueden encontrarse cuando tienes una vida de oración. Una vida de oración significa estar cerca de Dios y orar por todo. Significa escucharlo hablarte al corazón y a tu vida. Es caminar tan cerca de Dios que Él puede mantenerte lejos del peligro y guiarte hacia donde necesitas ir.

¿Cómo me acerco a Dios?

La manera de acercarse a Dios y apropiarse de su poder en tu vida es a través de la oración. La oración es el medio por el que nos comunicamos con Dios. Es la manera en que le contamos nuestros temores, deseos y necesidades. La oración es la manera en que tranquilizamos nuestra alma y mente y dejamos que Dios nos hable. A través de la oración es que adoramos a Dios, y le damos alabanza por lo que es Él y le decimos lo muy agradecidos que estamos por todo lo que ha hecho por nosotros.

En la oración intercedemos por la gente y las circunstancias que nos rodean. En la oración adoramos a Dios por todo lo que ha hecho. Además, le damos gracias con antelación por todo lo que *está* haciendo y lo que *hará* por nosotros en el futuro. Cuando oramos, podemos percibir que nuestra relación con Dios se fortalece y sentimos que se profundizan nuestro amor por Él y dependencia de Él. Mientras más oramos, más podemos ver su mano de misericordia, gracia y amor que nos guía cada día. Mientras más oramos, más nos damos cuenta de que no podemos vivir sin Él y sin su poder.

La clave aquí es llegar a darnos cuenta de que nosotros mismos no podemos hacer que nuestra vida marche bien. Necesitamos el poder de Dios. Tenemos que tener el toque salvador, redentor, liberador y sanador del Señor, porque necesitamos ser salvos, redimidos, liberados y sanados. Te deseo buena suerte si tratas de hacer cualquiera de estas cosas por tu cuenta. Permíteme ahorrarte el problema de saber que la suerte no va a hacerlo por ti. Tu vida no va a tener amor, paz, gozo, realización, poder, sanidad, restauración, ni transformación sin el Señor. Sé que esto es cierto porque he estado allí y lo he hecho. Por poco me matan todos mis intentos de hacer que la vida marchara bien por mi cuenta.

Tuve una niñez de abuso a manos de una madre que tenía una enfermedad mental severa. Cuando pude salir sola, estuve a punto de una sobredosis de drogas y bebía demasiado alcohol. Me desilusioné con muchas relaciones equivocadas y traté de hacerles frente con miedo paralizante, ansiedad y depresión todos los días. Tener una vida de apariencias, con risa por fuera y un dolor emocional desgarrador por dentro, sin saber nunca cuándo ocurriría un desastre, con miedo de acostarme por cualquier cosa terrible que pudiera suceder en la noche y despertarme con temor porque no pensaba sobrevivir otro día... esto no es una vida que dé resultados, ¡créeme! Mi vida ahora marcha bien por lo que Dios ha hecho y *sigue* haciendo en mí y en mis circunstancias.

¿Significa esto que mi vida sea perfecta y que nunca tenga problemas? ¡Dios lo quiera! Sin embargo, la respuesta es no. Vivo en el mismo mundo caído que tú. Tengo el mismo enemigo que me ataca, así como ataca a todo el que no quiera andar con él. He estado tan cerca de la muerte tantas veces que he perdido la cuenta del número. Tengo problemas igual que cualquiera. Aun así, también me salvaron, me rescataron, me liberaron, me transformaron y me siento plena. Lo que Dios ha hecho por mí lo hará por ti. Él no hace acepción de personas. No me respeta a mí más de lo que te respeta a ti. Tiene el mismo amor, la misma misericordia, paz, gracia, sanidad, esperanza, restauración, redención y el mismo éxito verdadero en la vida para ti también. Todo ocurre cuando te acercas a Dios en oración.

Cómo sabes cuáles son tus verdaderas necesidades

Necesitas acordarte a menudo quién es Dios y quién *eres* tú y que *puedes estar* en Él.

Necesitas tomar el control de tus pensamientos y emociones y procurar liberarte de cualquier cosa que te aprisione o te restrinja, a fin de que seas capaz de vivir en la libertad y la plenitud que Dios tiene para ti.

Necesitas que estés muy impresionado con el conocimiento de todo lo que Jesús logró en la cruz, de modo que no estés desgastándote a cada momento y hacer que en tu vida ocurra algo que ya se logró.

Necesitas seguir siempre la dirección del Espíritu Santo a fin de que puedas conocer la voluntad de Dios y estés donde debes estar, haciendo lo que tienes que hacer.

Necesitas entender, reconocer y recibir los dones que Dios tiene para ti, de modo que no te estés esforzando todo el tiempo por lo que ya te proveyó Él.

Necesitas conocer las reglas de Dios para la vida y ser capaz de asegurar su ayuda al obedecerlas por completo.

Necesitas liberarte de la culpa y lograr mantener un corazón humilde y arrepentido.

Necesitas recibir el regalo del perdón de Dios cuando le falles y ser capaz de ofrecerles perdón a los demás cuando fallen también.

Necesitas tener el temor del Señor en tu corazón todos los días a fin de tener una buena relación con Él y, como resultado, Él quitará todo el temor que atormenta tu vida.

Necesitas ser capaz de ver y apreciar tu cuerpo como el templo del Espíritu Santo, de modo que logres aprender a cuidarlo de una manera apropiada.

Necesitas experimentar el amor de Dios todos los días y ser capaz de compartirlo con la gente que Él pone en tu vida.

Necesitas poder entregarte de manera incondicional a Dios y a los demás, de la forma en que Él quiere que lo hagas.

Necesitas conocer a Dios como tu Sanador y crecer en la fe de que Él puede darte sanidad a ti y a las personas por las que oras.

Necesitas buscar un cambio radical en tu vida a través de la disciplina piadosa del ayuno y la oración.

Necesitas tener la habilidad de tomar el control de tu mente y no ser lanzado de un lado a otro por las mentiras del enemigo que siempre trata de hacerte creer que sus mentiras son ciertas y que la verdad de Dios es una mentira.

Necesitas resistirte a las emociones y los pensamientos negativos, y dejar de creer las mentiras respecto a ti mismo.

Necesitas hablar palabras que den vida y ser capaz de buscar la verdad en todas las situaciones.

Necesitas moverte en el poder de Dios y no tener una vida agobiada de impotencia ante las dificultades.

Necesitas deshacerte de las relaciones destructivas que no solo no contribuyen a tu vida, sino que la destruyen.

Necesitas reconocer quién es tu enemigo de modo que puedas resistirlo y no colaborar con él.

Necesitas ser lo suficiente fuerte para alejarte de todas las tentaciones a fin de que no hagas algo que no glorifique a Dios.

Necesitas aprender a orar sin cesar de modo que puedas disfrutar de paz emocional y contentamiento.

Necesitas rendir tu vida a Dios y vivir de una manera que Él considere santa.

Necesitas crecer en fe y no ser atormentado ni restringido por la duda y la inestabilidad.

Necesitas ser capaz de permanecer siempre fuerte en todo lo que sabes de Dios, sin importar lo que suceda.

Necesitas ser la clase de persona que nunca se da por vencida, sin tener en cuenta de cuán desesperadas parezcan las cosas, porque tu esperanza está en el Señor.

Si deseas cualquiera de estas cosas que acabo de mencionar, lo que necesitas es más del Señor en tu vida. Este libro te ayudará a encontrar esa cercanía con Él que transforma la vida. Te dirigiré hacia Dios y su Palabra y te ayudaré a descubrir más de lo que es Él. Mi oración es que a medida que lo leas (quizá un capítulo al día, haciendo la oración, implementando las sugerencias y recitando las verdades bíblicas relacionadas con el tema al final de cada capítulo), percibas en treinta días que tu relación con el Señor ha crecido más y que veas que Dios ha provisto todo lo que necesitas para que tu vida progrese de una manera positiva. Sin embargo, no sientas que tienes que terminarlo en treinta días. Sé que a muchos de ustedes que tienen personalidad tipo A les gusta hacerlo. La velocidad no es lo que importa. Ve a tu propio paso y dedícale tanto tiempo como necesites a cada capítulo. He colocado algunas páginas para notas personales al final del libro. Si en tu lectura te topas con algo a lo que Dios te está impulsando, puedes usar esas páginas para registrar tus pensamientos o tus oraciones.

Los siguientes treinta capítulos te dan treinta maneras de orar. Podría escribir un libro acerca de cada capítulo, porque hay mucho que saber acerca de cada tema, pero lo que te doy aquí todavía es suficiente para que sea transformador. No permitas que la brevedad del capítulo disminuya la importancia de ese tema en tu vida. Si captas estas treinta maneras de orar por tu vida, tendrás una vida de equilibrio, propósito, libertad, plenitud y éxito verdadero. Tendrás una vida de oración, una vida dedicada a acercarte al Señor y de comunión con Él todos los días... una vida que marcha bien.

Stormie Omartian

1

Reconoce quién es tu Padre

⌁⌁⌁⌁⌁⌁⌁

Todo el propósito de una vida de oración es estar cerca de Dios y tener una relación profunda, firme e inquebrantable con Él. Una vida de oración te permite estar alineado con el Señor de una manera sólida, mediante la comunión y la comunicación con Él a lo largo de cada día. Esto no solo significa saber *acerca de* Dios, sino conocerlo *de verdad*, o al menos tanto como se le pueda conocer en esta tierra.

El conocimiento de Dios comienza con el *deseo* de conocerlo y, como resultado, *procurar* conocerlo. De allí que llegue a ser un asunto de querer *cada vez más* de Él en tu corazón y en tu vida. El enfoque no está en orar. El enfoque está en *la persona a la que le estás orando*. La oración es el medio por el que profundizas tu relación con Dios.

Hace falta más de una vida para conocer por completo a Dios. Se requiere de una eternidad. Sin embargo, Dios es un Dios al que se le puede conocer aquí y ahora. A decir verdad, Él *quiere* que lo conozcamos. Él quiere que estemos bien relacionados con los distintos aspectos de lo que es Él. Los tres aspectos distintos de Dios, los cuales constituyen la base para conocerlo, son: Dios el *Padre*, Jesús el *Hijo* y el *Espíritu Santo*.

Quizá estés pensando: *Eso ya lo sé*. No obstante, yo opinaba lo mismo hasta que descubrí lo fácil que es *pensar* que sabemos y, con todo, nos perdamos las dimensiones de conocer a Dios que olvidamos, pasamos por alto o no logramos ver. O nos enfoquemos en un aspecto de conocerlo y excluyamos los demás. Debido a que esto es tan importante, los primeros tres capítulos de este libro están dedicados a estos tres aspectos vitales de nuestro único Dios verdadero.

La importancia de conocer a Dios como tu Padre celestial

Conocer a Dios *como* tu Padre celestial es distinto a solo ser consciente de que Dios *es* tu Padre celestial. Una de las razones por las que la gente está atada, quebrantada o tiene un sentido de fracaso en cuanto a sí misma y su vida es porque no conoce a Dios *como* su Padre celestial.

Conozco a un hombre que sentía que nunca podría comprender del todo quién era en realidad porque nunca había conocido a su padre. El padre de ese joven había estado trágicamente ausente de su vida y ahora, incluso ya en su edad adulta, batallaba cada día con el dolor y la pérdida de esa relación. Le faltaba toda una pieza de su vida, y sentía esa falta todos los días mientras trataba de conciliar su pasado con su presente y su futuro. Sabía quién era su padre, pero nunca lo había conocido *como* su padre.

Creo que lo mismo es cierto para todos nosotros en cuanto a nuestro Padre *celestial*. Sabemos que Dios es nuestro Padre celestial porque así nos lo dice la Biblia. «Y seré para vosotros por Padre, y vosotros me seréis hijos e hijas, dice el Señor Todopoderoso» (2 Corintios 6:18). Dios desea esa relación con nosotros. Sin embargo, ¿*tú* sabes sin duda alguna que Dios es un padre que te ama, te valora, te aprecia, te cuida, provee para ti, te protege, te quita el dolor y te restaura de la manera que debería hacerlo un buen padre? Sin este conocimiento muy dentro de tu alma, batallarás con la manera en que piensas que te ve Dios.

Los hijos que *saben* que su padre los ama actúan de manera distinta que los que *dudan* que los ama o, peor aun, que los que *no se sienten* amados. Esto lo sabe todo el mundo. Y es igual de importante que nosotros, como adultos, entendamos el amor que nuestro Padre Dios tiene por *nosotros*. Para hacerlo, tenemos que conocer mejor a Dios cada día.

Cuando en verdad reconozcas a Dios *como* tu Padre celestial, habrás dado el paso más importante y fundamental para encontrar la libertad, la plenitud y el verdadero éxito que Dios tiene para ti. Cuando en realidad llegues a saber quién es tu Padre celestial, puedes entender de mejor manera quién *eres* en *verdad*. La buena noticia es que no tienes que vivir en ignorancia de quién es tu Padre celestial, porque a Él no solo se le *puede* conocer, sino que *quiere* que lo conozcas.

Cuando los discípulos de Jesús le pidieron que les enseñara a orar, Él dijo: «Vuestro Padre sabe de qué cosas tenéis necesidad, antes que vosotros le pidáis. Vosotros, pues, oraréis así: Padre nuestro que estás en los cielos, santificado sea tu nombre» (Mateo 6:8-9). Procedió a darles lo que llamamos el Padrenuestro. Jesús instruyó a los discípulos para que establecieran primero su relación con Dios como su Padre celestial. Lo que esto significa para nosotros es que también necesitamos comenzar nuestras oraciones reconociendo a Dios como *nuestro* Padre celestial. Si quieres que tu vida marche bien, comienza cada día diciendo: «Gracias, Padre celestial, por este día».

La base de toda tu relación con Dios es que eres su hijo o su hija. Eso significa que dependes de Él para todo, y debido a que es tu Padre, puedes confiar en que Él proveerá para ti y te protegerá. Al fin y al cabo, ¿no es eso lo que hace un buen padre?

Sin embargo, muy a menudo la gente tiene una imagen distorsionada de Dios como padre porque ha tenido (o tiene) una relación mala o inexistente con su padre terrenal. Si sentías que tu padre no te amaba, que te maltrataba, que estaba distante de ti o te abandonó, podrías proyectarle esos sentimientos a Dios también. Sin embargo, Dios no es distante ni abusador. Él te ama y quiere que tú lo ames. Quiere que estés a su lado y que confíes en que Él está contigo. Nunca está demasiado ocupado para ti. Siempre cuidará de ti. Nunca te abandonará. No te dejará ni te desamparará. Él sabe lo que necesitas (Mateo 6:8). Él les da buenas cosas a sus hijos que lo aman, que lo buscan y le piden (Mateo 7:7).

Ser hijo de Dios significa saber que eres parte de una gran familia y que tienes un lugar con Él y en esa familia por la eternidad. Mientras tanto, como eres su hijo o hija, Dios te guiará, te proveerá, te protegerá y te dará un puesto importante en el negocio familiar.

Cómo sanas la relación con un padre terrenal

¿Cómo fue tu relación con tu padre terrenal? ¿Puedes ver que, de alguna manera, podrías haberle proyectado a Dios algunos de los sentimientos que tuviste con tu padre? Esto será sobre todo visible si no tuviste, o no *tienes*, una buena relación con tu padre terrenal.

Si tu padre estuvo muy ausente, o solo no estuvo a tu disposición, es posible que sientas que Dios tampoco estará allí para ti cuando más lo necesites. Si tu padre terrenal era desapegado en lo emocional, abusivo o estricto, es posible que sientas que tu Padre celestial será distante, poco afectuoso o frío. La relación que tuviste con tu padre terrenal puede afectar la relación que tienes con tu Padre celestial más de lo que te das cuenta, si no das pasos para evitar que suceda eso.

Si tu padre terrenal estaba *lejos* de ser perfecto, entiende que tu Padre Dios nunca será *menos* que perfecto. Si alguna vez se te hizo sentir que eras un fracaso cuando cometías un error, podrías pensar que también Dios siempre está decepcionado de ti. Sin embargo, tu Padre Dios no es como un padre terrenal. Nunca tendrá expectativas de *ti* que te sean demasiado difíciles de lograr. En cambio, sí espera mucho *para* ti. Espera que tengas la vida de libertad, plenitud y verdadero éxito que tiene para ti. Todo lo que pide *de* ti es que lo ames, que confíes en Él, que lo obedezcas y que dependas de Él para todo.

Aunque no puedes controlar lo que tu padre terrenal *hizo* o *no hizo* en tu vida, sí *puedes* controlar tu reacción a esas cosas ahora. Y eso comienza con el perdón.

Mi madre, que era enferma mental, abusó mucho de mí mientras yo crecía. Aun cuando su enfermedad mental la diagnosticaron después, ese conocimiento no quitó los años de abuso que sufrí a manos de ella. Cuando llegué a ser creyente, aprendí que si quería vivir en la libertad, la plenitud y el verdadero éxito que Dios tenía para mí, debía perdonarla. Eso no ocurrió al instante. Sucedió paso a paso mientras le pedía a Dios que me ayudara a perdonarla por completo. A la larga, lo hice.

Además de eso, también tuve que perdonar a mi papá.

Nunca me di cuenta de manera consciente de que tenía falta de perdón hacia mi padre hasta que mi consejera y mentora cristiana, Mary Anne, me dijo que Dios se lo había revelado. Incluso, después que hablé con ella al respecto, no lo creía. Mi papá nunca me maltrató, así que pasé un tiempo difícil para aceptar esto. Mary Anne dijo: «Solo pídele al Espíritu Santo que te muestre la verdad».

Cuando estuve sola, le pedí a Dios que me mostrara la verdad de lo que me dijo Mary Anne. Y quedé impresionada por completo cuando al momento me reveló cuánta falta de perdón tenía hacia mi papá por no haberme rescatado nunca de la locura de mi madre. Nunca le quitó el seguro de la puerta del armario donde mi mamá me metía por horas como castigo.

Nunca me rescató del abuso físico, emocional y mental. Debido a que mi padre no hizo lo necesario por mí cuando era niña, me costó trabajo confiar en que mi Padre celestial haría lo necesario por mí como adulta.

Cuando confesé mi falta de perdón hacia mi papá, derramé toda una vida de lágrimas y resentimientos que había guardado dentro de mi corazón. Descubrí que solo el amor de Dios y su poder sanador pueden sacar a la luz las cosas que están ocultas en lo más profundo dentro de nosotros que ni siquiera nos damos cuenta de que están allí, y Él puede liberarnos de ellas.

Se manifestó la libertad que sentí después de confesar mi falta de perdón hacia mi padre. La diferencia más notable fue que sentí el amor de Dios de manera poderosa en mi vida como nunca antes lo había sentido. Perdonar a mi padre terrenal me liberó para amarlo más y para amar a mi Padre celestial y confiar más en Él también. Después de eso, vi que mi vida se abrió al amor de Dios de maneras que antes no había podido hacerlo.

A fin de que tengas una base sólida en las cosas de Dios que determinarán hacia dónde va tu vida y lo que ocurre, y para que tengas la libertad, la plenitud y el verdadero éxito que quieres, tienes que perdonar a tu padre terrenal por todo lo que *hizo* o *no* hizo por ti y para ti. Sea lo que sea, pídele a Dios que te muestre si hay algo con respecto a tu relación con tu padre que tenga que perdonarse o corregirse.

No estoy diciendo que si tu padre fue abusivo o estuvo ausente tienes que ir a buscarlo para que puedas hablar en persona con él. Algunos padres serán receptivos a eso, pero otros no. Tu decisión en cuanto a eso está entre tú y Dios. Es posible que tu padre ni siquiera esté vivo ahora. Ya sea que esté vivo o no, perdónalo por la manera en que te fallara, lastimara o decepcionara. La libertad del perdón que experimenté hacia mi papá ocurrió cuando estuve a solas con Dios. En este momento, Él puede reunirse contigo donde estés y hacer lo mismo por ti. Si hay algún mal sentimiento en tu corazón hacia tu padre, llévalo ante Dios y pídele que tome todos los sentimientos y recuerdos negativos y que te sane de cualquier herida que esté asociada con ellos.

Aunque pienses que tu padre terrenal no podía haber sido un padre más perfecto, pídele a Dios que te muestre si estás proyectando ante el Señor alguna idea errónea o incompleta acerca de lo que es un padre perfecto. Dios puede mostrarte algo de sí mismo que no te habías dado cuenta.

Tu Padre celestial puede sanarte, arreglar tu quebrantamiento y llevar vida a lugares en ti que pensaste que estaban muertos. La verdad es que nunca puedes experimentar la paz, la libertad, la restauración, la plenitud y el verdadero éxito que Dios tiene para ti si no reconoces y aceptas a Dios como tu Padre celestial. Cuando de veras puedas aceptar a Dios como el mejor padre que pueda imaginarse, cada esfera de tu vida se verá afectada de manera positiva.

Descubre quién es en realidad tu Padre celestial

En la Biblia, Dios se revela mediante los muchos nombres con los que se le llama. Creo que esos nombres están allí para ayudarnos a entender de mejor manera los diversos aspectos del carácter de Dios. Nos ayudan a saber quién es en realidad. No podemos entrar a la vida que Dios tiene para nosotros sin este conocimiento.

La siguiente lista de nombres te ayudará a recordar aspectos de la naturaleza de Dios que quizá hayas olvidado, pasado por alto o que tal vez no sepas. Dios se ha revelado de esta manera porque quiere que lo conozcas y que confíes en Él de cualquier manera posible. Al entenderlo con estos nombres, y al llamarlo por estos nombres, lo invitas a que llegue a ser eso para ti.

Escribí esta breve lista de los nombres y los atributos de Dios como una oración corta para que la repitas. Es una manera de que puedas reconocer a Dios con los muchos aspectos que posee y te ayudará a conocerlo mejor.

«Padre celestial, tú eres mi *Restaurador*. Restauras todo lo que han quitado, destruido, devorado o que se ha perdido de mi vida» (Salmo 23:3).

«Padre Dios, tú eres mi *Libertador*. Me liberaste de cualquier cosa que me excluya de la vida que tienes para mí» (Salmo 70:5).

«Padre celestial, tú eres mi *Redentor*. Redimes todas las cosas en mi vida» (Isaías 63:16).

«Padre Dios, tú eres mi *Fortaleza*. Cuando me siento más débil es cuando tú eres más fuerte para mí» (Isaías 12:2).

«Padre celestial, tú eres mi *Guía*. Te reconozco en todo lo que hago, sabiendo que tú estás dirigiendo mis pasos» (Proverbios 3:6).

«Padre Dios, tú eres mi *Consejero*. Me enseñas todas las cosas buenas que debo hacer» (Salmo 16:7).

«Padre celestial, tú eres mi *Paz*. Cuando mi vida me da poca paz, aún puedo encontrar paz en ti» (Efesios 2:14).

«Padre Dios, tú eres *Emanuel*, el Dios que está conmigo. Siempre estás cerca y nunca distante. Estoy agradecido porque nunca me dejas ni me desamparas» (Mateo 1:23).

«Padre celestial, tú eres mi *Torre Fuerte*. Eres un abrigo de protección para mí cuando te busco» (Proverbios 18:10).

«Padre Dios, tú eres mi *Refugio*. Puedo esconderme en ti cuando tengo miedo y enfrento más de lo que puedo resistir» (Salmo 32:7).

«Padre celestial, tú eres mi *Sabiduría*. Cuando necesito sabiduría en algo, puedo buscarte y tú me darás el entendimiento que necesito» (1 Corintios 1:24).

«Padre Dios, tú eres mi *Padre Eterno*. Eres mi Padre para siempre y no solo hasta que pueda resolver las cosas yo solo» (Isaías 9:6).

Esta docena de nombres son solo una fracción de los muchos nombres de Dios, pero te darán una buena base con la que puedes pasar el resto de tu vida descubriendo todo lo que es Dios. Además, te encantará el proceso, pues mientras más conozcas a Dios y más lo reconozcas en tu vida, más te acercará para que crezcas en Él.

Dios es tu Padre celestial que te guiará, protegerá y aconsejará. Te librará, restaurará y redimirá. Te dará fortaleza, paz y sabiduría. Estará siempre contigo a fin de que puedas buscarlo cuando necesites un lugar en el cual esconderte. «Nuestra ayuda está en el nombre del Señor, creador del cielo y de la tierra» (Salmo 124:8, nvi).

El conocimiento de Dios como tu Padre celestial es el comienzo de la libertad, la plenitud y el verdadero éxito en la vida.

❧ El poder de la oración ❧

Padre celestial:

Te doy gracias porque me has dado el derecho de convertirme en tu hijo (Juan 1:12). Soy privilegiado y feliz por recibir todo lo que les has prometido a tus hijos. Ayúdame a vivir en tu amor y a comprender la profundidad de tu cuidado e interés por mí. Quita cualquier barrera que evite que comprenda todo lo que significa confiar en ti como mi Padre celestial. Ayúdame a adoptar la semejanza de familia, de modo que tenga tus ojos, tu corazón y tu mente.

Señor, muéstrame cualquier manera en la que tenga que perdonar a mi padre terrenal. Sana cualquier cosa en mi corazón que haya ocasionado que te vea a través de sus fracasos. Perdóname si he juzgado tu perfección con sus imperfecciones. Muéstrame lo que necesito ver y ayúdame a perdonar por completo.

Gracias, Padre Dios, porque cuando necesito esperanza, tú eres mi *Esperanza* (Salmo 71:5). Cuando soy débil, tú eres mi *Fortaleza* (Isaías 12:2). Cuando estoy cansado, tú eres mi *Lugar de Descanso* (Jeremías 50:6, LBLA). Cuando necesito libertad, tú eres mi *Libertador* (Salmo 70:5). Cuando quiero dirección, tú eres mi *Consejero* (Salmo 16:7). Cuando necesito sanidad, tú eres mi *Sanador* (Malaquías 4:2 NVI). Cuando busco protección, tú eres mi *Escudo* (Salmo 33:20). Cuando estoy pasando un tiempo difícil, tú eres mi *Fortaleza en el día de la angustia* (Nahum 1:7). Gracias por ser mi Padre celestial y la respuesta para todas mis necesidades.

Todo esto te lo pido en el nombre de Jesús.

❧ EL PODER DE LA PALABRA ❧

Aunque mi padre y mi madre me dejaran,
con todo, Jehová me recogerá.

SALMO 27:10

Mas a todos los que le recibieron, a los que
creen en su nombre, les dio potestad de ser
hechos hijos de Dios.

JUAN 1:12

Mirad las aves del cielo, que no siembran,
ni siegan, ni recogen en graneros; y vuestro
Padre celestial las alimenta. ¿No valéis
vosotros mucho más que ellas?

MATEO 6:26

Mas tú, cuando ores, entra en tu aposento,
y cerrada la puerta, ora a tu Padre que está
en secreto; y tu Padre que ve en lo secreto
te recompensará en público.

MATEO 6:6

Mirad cuál amor nos ha dado
el Padre, para que seamos
llamados hijos de Dios;

1 JUAN 3:1

2

RECIBE TODO POR LO QUE MURIÓ JESÚS PARA QUE LO TENGAS TÚ

~~~~~~

S in Jesús estamos muertos.

Esto es cierto de muchas maneras, porque sin Jesús estamos separados de Dios. Necesitamos la vida de resurrección de Jesús *en* nosotros de modo que podamos estar bien con Dios y podamos levantarnos para estar con Él cuando muramos.

Sin embargo, Jesús no solo nos da vida para la eternidad, que es razón suficiente para recibirlo, del mismo modo nos da más vida en *esta* vida, pues Él resucita las partes muertas de nuestra vida terrenal de innumerables maneras también.

Cuando tenía veintitantos años, después que terminé mi tercer año en la Universidad de Los Ángeles, California, y de mi regreso a los Estados Unidos de una gira con un conocido grupo musical, comencé a trabajar como cantante, bailarina y actriz en programas populares de televisión de ese entonces. Fue por medio de la gente que conocí en esos programas de televisión que me involucré en el alcohol y las drogas. Ni yo ni la gente con la que trabajaba usábamos drogas ni bebíamos alcohol cuando trabajábamos. Éramos demasiado profesionales como para hacer algo tan irresponsable como eso. Esos eran trabajos codiciados, y nadie los pondría en peligro por algo tan tonto. No obstante, en las fiestas privadas y actividades sociales, el alcohol y las drogas siempre abundaban. Además, puedo agregar que no era para la venta. Al menos nunca pagué por ninguno de los gustos que me permitía. Sin embargo, me daba cuenta que las drogas y el alcohol solo daban un alivio *temporal* a la miseria emocional que experimentaba todos los días de mi vida. Necesitaba algo permanente.

Deseaba estar cerca de Dios porque pensaba que Él era el único que tenía el poder de sacarme del foso en el que estaba viviendo o, mejor dicho, en el que estaba *muriendo*. Así que probé cada religión que podía encontrar a excepción de la fe cristiana. El cristianismo que había conocido, casi todo a través de mi madre, me parecía que estaba entre muerto y un poco loco. Aunque pensaba que el asunto cristiano era una buena idea en realidad, no le veía ningún poder. Además, creía que tenía que suspender todo intelecto para creer lo que creían los cristianos. Y las pocas veces que fui a la iglesia en mi vida no me sentía más cerca de Dios, ni veía que cambiara algo en mí, ni en mi vida. Por lo que el cristianismo era irrelevante para mí.

En mi búsqueda de Dios, y de una salida para los sentimientos de rechazo, dolor, tristeza, miedo, depresión, ansiedad y pensamientos suicidas, entré a toda velocidad a una tras otra religión oriental. En cada una me daba cuenta de que su dios era frío y distante. A menos que, por supuesto, uno pudiera *hacer* las cosas que la literatura y los líderes de la religión sugerían para *acercarte* a dios. Estas listas de cosas religiosas para hacer eran imposibles o simplemente nunca daban resultados. Al menos no resultaban para mí. Con cada decepción, me ponía más desesperada porque jamás encontraba ningún consuelo en Dios.

Fui a lo profundo de lo oculto también. De manera muy profunda. Esa experiencia resultó ser más extraña que cualquiera de las demás. En realidad, tenía alguna clase de experiencia espiritual, pero me moría de miedo... literalmente. Al acordarme de eso, me doy cuenta ahora de que los seres espirituales con los que me comunicaba, sin duda alguna no eran del Señor.

Al final, llegué a mi límite y consideré el suicidio como la única manera de salir de mi dolor. Tenía pensamientos suicidas constantes. No era que quisiera morir; solo que no quería vivir de la manera en que vivía. Además, no encontraba la manera de que cambiara yo misma ni mis circunstancias. Sentía que había probado todo lo que conocía para encontrar una salida a mi miseria, pero nada había dado resultado.

En esa época una amiga y compañera de trabajo cristiana, Terry, me invitó para que me reuniera con su pastor. Fui porque veía una cualidad en ella que admiraba de verdad. También tenía algo que hacía que su vida marchara bien y, fuera lo que fuera, me atraía. Para hacer la historia más corta, el pastor Jack Hayford me guió para que recibiera a Jesús. Nunca soñé que estaría haciendo una cosa tan loca como esa. Sin embargo, por el resultado, fue la mejor decisión que tomara alguna vez.

Las cosas empezaron a cambiar de inmediato. Sentí esperanza por primera vez en mi vida. Esperanza en un futuro. Esperanza en un propósito perdurable. Esperanza en libertad del dolor, de la depresión, del temor y la ansiedad que había comenzado a creer que serían parte de mi vida para siempre. Descubrí que aunque no había manera de que *yo* pudiera cambiarme a mí misma ni a mis circunstancias, *Dios* podía cambiarlo todo. Eso se debía a que ahora tenía una relación con Él por medio de Jesús, su Hijo, quien pagó el precio de mi libertad. Entonces, como había decidido tener fe humilde en Jesús, había asegurado el camino por el que fluirían las bendiciones de Dios. Aun así, eso solo era el comienzo de aprender todo lo que Jesús hizo por mí.

Recibir a Jesús es solo el comienzo

No es suficiente con recibir en un inicio a Jesús; asimismo tienes que ser consciente cada día de *todo* lo que hizo por ti y recibir eso también.

Aceptar a Jesús como el Hijo de Dios y tu Salvador te da salvación eterna. Cuando mueras, pasarás la eternidad con el Señor. Eso sería lo bastante asombroso si fuera todo lo que hubiera hecho Él, pero logró mucho más. Debes tener un entendimiento claro de *toda la magnitud* de lo que Jesús logró en la cruz y, como resultado, de lo que ha hecho por *ti*. Tienes que comprender por completo las muchas maneras en que te ha salvado Él. Por ejemplo, quizá sepas que te ha salvado de la muerte y del infierno, ¿pero sabes y crees con todo tu corazón que también te salvó de padecimientos, tormentos, depresiones, desesperanzas, ansiedades y temores?

Jesús te salvó *para* que estés con Dios para siempre y cumplas sus propósitos en todo lo que hagas. Jesús te salvó *de* las consecuencias de vivir separado de Dios y sus caminos.

La Biblia se refiere a Jesús como «quien se dio a sí mismo por nosotros para redimirnos de toda iniquidad y purificar para sí un pueblo propio, celoso de *buenas obras*» (Tito 2:14, énfasis añadido). Te está purificando como uno de sus hijos especiales a fin de que hagas cosas buenas para Él. El conocimiento y el sentido de que te ama tanto te hará estar dispuesto a hacer lo que le agrada a Él.

Gracias a Jesús en ti

Es de vital importancia que comprendas todo lo que en verdad tienes en Jesús, porque si no lo haces, no podrás recibirlo por completo. Cuando las circunstancias de la vida te desafían, o el enemigo trata de destruirte con sus mentiras, tienes que conocer la autoridad que tienes en el nombre de Jesús.

A continuación hay una lista de las cosas que has recibido debido a lo que logró Jesús.

Gracias a Jesús, puedes estar libre de culpa por completo

La culpa es algo que tenemos todos, ya sea que nos sintamos culpables por las cosas que sabemos que hicimos mal o que lamentemos lo que creemos que *deberíamos* haber hecho de mejor manera. Nuestros hombros no se hicieron para cargar con la culpa. Eso nos agobia y nos quebranta.

Casi todos nosotros tenemos el anhelo de «volver a hacer» algunas cosas en nuestra vida. Mi propia lista es larga. Pensamos: *Si solo hubiera hecho esto.* O: *Si no hubiera hecho aquello, esto no habría pasado.* La culpa descontrolada que sentimos por las cosas que lamentamos nos destruirá. Y hasta que alguien surja con una máquina del tiempo que dé resultado, no podemos hacer nada para cambiar todo lo sucedido. Podemos negarnos a pensar en eso, pero de todas maneras surgirá de alguna forma. Y eso nos hará sentir enfermos, miserables, enojados o deprimidos. Sin embargo, cuando recibimos a Jesús, quedamos limpios por completo de nuestro pasado. Eso significa que cada error, o violación a las reglas, a los caminos o a las leyes de Dios, se perdona en su totalidad. La pizarra queda limpia.

Quizá pienses de nuevo: *Ya sé todo eso.* No obstante, tienes que estar convencido, sin duda alguna, de que esto es cierto, en especial cuando el enemigo trata de llenarte de condenación por las cosas que sucedieron en tu pasado.

La Biblia dice: «Ahora, pues, ninguna condenación hay para los que están en Cristo Jesús, los que no andan conforme a la carne, sino conforme al Espíritu» (Romanos 8:1). Observa que dice: «*Ninguna* condenación». ¡Eso significa nada! No dice: «No hay tanta condenación». Tampoco dice: «Si estás en Cristo Jesús, la condenación que sentirás es mínima». Dice: «*Ninguna* condenación».

Cuando recibes a Jesús, Él quita la condenación de tus pecados y errores del pasado, y eres libre de toda esa culpa. Si sigues sintiendo culpa por las mismas cosas después de eso, no has recibido todo lo que puedes tener por la muerte de Jesús.

Si recibiste al Señor y todavía te sientes culpable por el pasado, entrégaselo a Dios y dile: «Señor, todavía siento una culpa tremenda por lo que sucedió en el pasado. Por favor, ayúdame a vivir en tu perdón completo y a poder perdonarme. Quita estos sentimientos de culpa». Dios escucha esa oración y te quitará esa culpa porque Jesús ya pagó el precio para que sucediera.

Si hacemos algo malo *después* que recibimos a Jesús, Él nos da una salida de esta condenación a través de la *confesión* de la mala acción y mediante el *arrepentimiento*. El arrepentimiento significa que decidimos alejarnos de la maldad y nunca volver a practicarla. Es importante saber que el enemigo siempre hará que sintamos *condenación* por nuestra maldad. El Señor, por otro lado, hará que nos sintamos *convencidos*. Hay una gran diferencia entre ambas cosas. La *condenación* lleva a la parálisis y a la muerte. La *convicción* lleva al *arrepentimiento,* a la *confesión,* al *perdón* y a la *vida*.

Muy a menudo seguimos viviendo con condenación, lo cual nos absorbe la vida, y no debemos permitir que nos suceda eso. Tenemos que reconocer que la condenación es una de las maneras en que el enemigo trata de separarnos de Dios. Sin embargo, la barrera de la separación no es de Dios. La ponemos nosotros mismos. Cuando nos sentimos culpables por algo, nos escondemos de Dios. No queremos enfrentarlo, por lo que no oramos mucho ni con mucha eficacia. La única manera de detener eso y de borrar la pizarra es con la confesión y el arrepentimiento.

Gracias a Jesús, tienes al Espíritu Santo de Dios que mora en ti

Cuando recibes a Jesús, Él te da el Espíritu Santo para que more en ti. El poder de Dios fluye a través del Espíritu Santo, y ahora tienes acceso a ese poder porque Él mora en ti. (Más acerca de esto en el capítulo 3: «Recibe la presencia del Espíritu Santo»).

Gracias a Jesús, tienes garantizada la vida eterna con Él

Cuando Jesús murió y resucitó de los muertos, destruyó el poder de la muerte en ti. Cuando lo recibes, también recibes su vida resucitada en ti. «Y esta es la voluntad del que me ha enviado: Que todo aquel que ve al Hijo, y cree en él, tenga vida eterna; y yo le resucitaré en el día postrero» (Juan 6:40). Dios promete resucitarte cuando mueras y el Espíritu Santo en ti es la garantía de que Él cumplirá su promesa.

Además de eso, también tienes acceso al poder de su resurrección cuantas veces te enfrentes a la muerte cada día y como quiera que lo hagas: en tus relaciones, en tu salud, en tus finanzas, en tu trabajo, en tus sueños, en tus habilidades. Dios no solo puede resucitar tu cuerpo muerto, sino que puede resucitar cualquier parte muerta de tu vida también. Él es el único que puede darte vida *antes* de la muerte, así como *después*.

Gracias a Jesús, heredas lo que hereda Él

Cuando recibes a Jesús, llegas a ser hijo o hija de Dios. «Y si hijos, también herederos; herederos de Dios y coherederos con Cristo, si es que padecemos juntamente con él, para que juntamente con él seamos glorificados» (Romanos 8:17). Ser heredero juntamente con Cristo significa que lo que el Padre le ha dado a su Hijo, también te lo dará a ti.

Gracias a Jesús, ahora puedes examinar el reino de Dios

No podemos ver nada desde la perspectiva de Dios sin recibir a Jesús. Podemos creer con todo nuestro corazón que somos iluminados, pero sin aceptar a Jesús ni recibir el Espíritu Santo de Dios, tenemos ceguera espiritual. Una vez que tenemos al Espíritu Santo dentro de nosotros, somos capaces de tener un discernimiento piadoso. Jesús dijo: «De cierto, de cierto te digo, que el que no naciere de nuevo, no puede ver el reino de Dios» (Juan 3:3). Todo el intelecto del mundo no te permitirá ver a Dios ni a su reino.

Gracias a Jesús, puedes elevarte por encima de tus limitaciones

Jesús te capacita para hacer lo que no puedes hacer sin Él. Jesús dijo: «Yo soy la vid, vosotros los pámpanos; el que permanece en mí, y yo en él, este lleva mucho fruto; porque separados de mí nada podéis hacer» (Juan 15:5). Él no te ayuda a que sobrevivas a duras penas. Él permite que te liberes de las cosas que te impiden recibir todo lo que Él tiene para ti.

Gracias a Jesús, tienes esperanza de sanidad

Jesús es tu sanador. No habría llegado como tu sanador si no supiera que necesitas sanidad. Este es un aspecto tan importante de lo que hace Jesús, que le he dedicado todo un capítulo en el libro. (Más acerca de esto en el capítulo 21: «Confía en tu Sanador»).

Gracias a Jesús, puedes disfrutar de mayor abundancia en tu vida

Jesús dijo: «Yo he venido para que tengan vida, y para que la tengan en abundancia» (Juan 10:10). De nuevo, tener abundancia no significa que seremos ricos, famosos y que estaremos realizados. Significa que nos dará más de lo que necesitamos.

Gracias a Jesús, te has convertido en una nueva criatura

Todos necesitamos una segunda oportunidad, un nuevo inicio. Poder olvidar el pasado y llegar a ser una persona nueva es un regalo milagroso. «De modo que si alguno está en Cristo, nueva criatura es; las cosas viejas pasaron; he aquí todas son hechas nuevas» (2 Corintios 5:17). Cuando recibes a Jesús, estás destinado a llegar a ser más semejante a Él (Romanos 8:29).

¿Cómo sé con seguridad que recibí a Jesús?

Tu relación con Dios es la base misma en que construyes una vida de libertad, plenitud y verdadero éxito. Comienza cuando recibes a Jesús y tu relación con Dios se establece con firmeza. Pedro dijo acerca de Jesús: «Y en ningún otro hay salvación;

porque no hay otro nombre bajo el cielo, dado a los hombres, en que podamos ser salvos» (Hechos 4:12, énfasis añadido).

Jesús nos da salvación porque tenemos fe en Él, no por las cosas buenas que hayamos hecho (Romanos 9:31-32). Él murió por nosotros porque somos *pecadores*, no porque seamos *perfectos*. Así que podemos llegar a Él tal como somos. Jesús quiere que lleguemos a Él con humildad, sabiendo que lo hizo todo y que nosotros no hicimos nada para merecerlo. Porque «por gracia sois salvos por medio de la fe; y esto no de vosotros, pues es don de Dios» (Efesios 2:8).

Cuando recibes a Jesús, es porque Dios el Padre te está acercando a Él. Jesús dijo: «Ninguno puede venir a mí, si el Padre que me envió no le trajere; y yo le resucitaré en el día postrero» (Juan 6:44). El recibir a Jesús no ocurre por casualidad en un día bueno. No es un accidente.

Si quieres recibir a Jesús, sigue estos pasos sencillos:

1. *Cree que Jesús es el que dijo que es.* Jesús dijo: «Yo soy el camino, y la verdad, y la vida; nadie viene al Padre, sino por mí» (Juan 14:6). Di: *«Jesús, creo que eres el Hijo de Dios, como dices que eres».*

2. *Declara que Jesús murió en la cruz y resucitó de los muertos.* «Que si confesares con tu boca que Jesús es el Señor, y creyeres en tu corazón que Dios le levantó de los muertos, serás salvo» (Romanos 10:9). Di: *«Jesús, creo que entregaste tu vida en la cruz y que resucitaste de los muertos para vivir para siempre a fin de que yo pueda tener vida eterna contigo».*

3. *Confiesa y arrepiéntete de tus pecados y fallas.* «Si decimos que no tenemos pecado, nos engañamos a nosotros mismos, y la verdad no está en nosotros. Si confesamos nuestros pecados, él es fiel y justo para perdonar nuestros pecados y limpiarnos de toda maldad» (1 Juan 1:8-9). La palabra arrepentimiento significa alejarse del pecado y dar a entender que tu intención es no volver a él otra vez. «Así que, arrepentíos y convertíos, para que sean borrados vuestros pecados; para que vengan de la

presencia del Señor tiempos de refrigerio» (Hechos 3:19). Di: *«Señor, confieso y me arrepiento de mis pecados y fallas. Te pido que me ayudes a vivir a tu manera ahora, de modo que pueda llegar a ser todo lo que tú quisiste que fuera cuando me creaste».*

4. *Pídele a Dios que viva en ti y te llene con su Espíritu Santo, y dale gracias porque ahora eres hijo de Dios.* «El que confiesa al Hijo, tiene también al Padre (1 Juan 2:23). Di: *«Jesús, te pido que vengas a mi corazón y me llenes con el Espíritu Santo para que pueda ser todo lo que quisiste que fuera cuando me creaste. Gracias por perdonarme, por asegurar mi posición como hijo de Dios y por darme vida eterna contigo y una mejor vida ahora».*

Si hiciste esta oración de corazón por primera vez, indicando que estás recibiendo a Jesús, ahora te adoptaron en la familia de Dios. Te perdonaron; te libraron de la muerte, tanto ahora como por la eternidad; y tienes un futuro seguro con el Señor. Anota la fecha en tu Biblia para que siempre puedas recordarla. Es la decisión más importante que hayas tomado alguna vez.

Jesús logró mucho por nosotros, pero muy a menudo actuamos como si no lo hubiera hecho. Vivimos como si no tuviéramos esperanza, como si Él no fuera el Sanador o ya no hiciera milagros, como si no fuéramos hechos nuevos y nunca pudiéramos tener vida abundante de ninguna clase. Nos permitimos llegar a estar cargados de culpa, con miedo a la muerte, y tenemos vidas faltas de poder porque no confiamos en que somos en realidad hijos de Dios y que tenemos el Espíritu de Dios viviendo en nosotros. No permitas que eso te pase. No importa lo que esté ocurriendo en tu vida, recuerda que la salvación no solo se trata de algo que Jesús hizo *por* ti, también de que está viviendo *en* ti. Por lo tanto, tienes todo lo que necesitas para poder enfrentar el pasado, el presente y el futuro de tu vida.

❧ EL PODER DE LA ORACIÓN ☙

Señor Jesús:

Sé que viniste «a buscar y a salvar lo que se había perdido» (Lucas 19:10). Gracias porque viste mi condición perdida y me salvaste para ti y tus propósitos. Gracias porque tengo vida eterna, porque moriste por mí y tu sangre me limpia de todo pecado (1 Juan 1:7). Ahora puedo vivir libre de culpa y condenación. Creo que «no hay otro nombre bajo el cielo [...] en que podamos ser salvos» (Hechos 4:12).

Gracias, Jesús, porque soy heredero juntamente contigo de todas las bendiciones de nuestro Padre Dios. Gracias por reconciliarme contigo (2 Corintios 5:18). Gracias porque tengo al Espíritu Santo dentro de mí y ya no me controla mi carne. Gracias porque tengo acceso a una vida de esperanza, salud, poder, amor, libertad, realización y propósito.

Ayúdame a entender todo lo que lograste en la cruz. Permíteme vivir como la nueva creación que has hecho que yo sea. Ayúdame a ver mi vida desde tu perspectiva. Enséñame a recibir todo lo que quisiste que yo tuviera cuando moriste. Ahora, todo lo que haga de palabra o de obra, ayúdame a hacerlo en tu nombre, Señor Jesús, dándole gracias a Dios el Padre por medio de ti (Colosenses 3:17).

Te lo pido en tu nombre.

❧ EL PODER DE LA PALABRA ☙

Yo soy la resurrección y la vida; el que cree en mí, aunque esté muerto, vivirá. Y todo aquel que vive y cree en mí, no morirá eternamente.

JUAN 11:25-26

He aquí, yo estoy a la puerta y llamo; si alguno
oye mi voz y abre la puerta, entraré a él,
y cenaré con él, y él conmigo.

APOCALIPSIS 3:20

Y nosotros hemos visto y testificamos que el Padre
ha enviado al Hijo, el Salvador del mundo. Todo aquel
que confiese que Jesús es el Hijo de Dios,
Dios permanece en él, y él en Dios.

1 JUAN 4:14-15

Pero si Cristo está en vosotros, el cuerpo en verdad
está muerto a causa del pecado, mas el espíritu vive
a causa de la justicia.

ROMANOS 8:10

Voy, pues, a preparar lugar para vosotros.
Y si me fuere y os preparare lugar, vendré otra vez,
y os tomaré a mí mismo, para que donde yo estoy,
vosotros también estéis.

JUAN 14:2-3

3

RECIBE LA PRESENCIA DEL ESPÍRITU SANTO

~~~✥~~~

M ientras esté viva, nunca llegaré a entender cómo alguien puede encontrar paz, esperanza y realización sin Jesús y su regalo del Espíritu Santo. En lo personal, no podría vivir sin la presencia del Espíritu Santo en mi vida. Ni me gustaría probarlo siquiera. Lo hice por años, y todavía recuerdo el vacío, el dolor, el fracaso y el tormento de morir un poco cada día.

Muchísimos dones maravillosos vienen al recibir a Jesús, pero el don del Espíritu Santo es más precioso que cualquier otro. Puedo ver por qué el único pecado imperdonable es la blasfemia en contra del Espíritu Santo. Solo haría algo así alguien que es malo sin esperanza. Los que en verdad lo conocen nunca lo rechazarían. Los que lo rechazan no lo conocen en realidad.

A fin de que tengas libertad, plenitud y verdadero éxito en la vida, debes estar facultado por el Espíritu Santo. Esas cualidades de la vida no pueden obtenerse sin Él.

Lo que significa para ti tener al Espíritu Santo

El Espíritu Santo mora en cada creyente. Recibimos a Jesús porque el Espíritu Santo nos atrae hacia Él. Entonces, el Espíritu Santo abre nuestros ojos para que podamos ver el error de nuestros caminos y nuestra necesidad de arrepentimiento. Cuando le abres tu corazón a Jesús, eres lleno del Espíritu Santo. Desde entonces, estás en una aventura maravillosa de descubrir quién es y todo lo que hace en tu vida, y lo que tener al Espíritu Santo significa para ti. Nunca vuelves a ser el mismo. El Espíritu Santo fluye dentro de ti y tienes que dejarte llevar por la corriente.

Tener al Espíritu Santo significa que le perteneces a Dios

Toda la meta de tener una vida de oración es estar cerca de Dios y disfrutar de una relación que depende siempre de él. Recibir a Jesús y ser lleno del Espíritu Santo es el medio por el que surge una conexión cercana con Dios. El Espíritu Santo en ti es la garantía de que le perteneces a Dios. «Mas vosotros no vivís según la carne, sino según el Espíritu, si es que el Espíritu de Dios mora en vosotros. Y si alguno no tiene el Espíritu de Cristo, no es de él» (Romanos 8:9).

Tener al Espíritu Santo significa que te puede transformar

La Biblia dice: «Porque el Señor es el Espíritu; y donde está el Espíritu del Señor, allí hay libertad» (2 Corintios 3:17). En la presencia del Espíritu Santo recibimos liberación. Esto es de suma importancia que lo recordemos. La libertad que encontramos en la presencia del Espíritu Santo no significa libertad para hacer lo que nos plazca. Es libertad para hacer lo que quiere *Dios*, a fin de que podamos llegar a ser todo para lo que Él nos creó. «Por tanto, nosotros todos, mirando a cara descubierta como en un espejo la gloria del Señor, somos transformados de gloria en gloria en la misma imagen, como por el Espíritu del Señor» (2 Corintios 3:18). La transformación se encuentra en la presencia de Dios mediante el poder del Espíritu Santo.

Tener al Espíritu Santo significa que no tienes que caminar en la carne

Si Cristo está en ti, el Espíritu Santo está en ti también, y eso significa que ya no tienes que vivir en la carne. «Si vivís conforme a la carne, moriréis; mas si por el Espíritu hacéis morir las obras de la carne, viviréis» (Romanos 8:13). Más claro no puede estar. Si vivimos según nuestra carne, haciendo siempre lo que *queremos*, nos destruiremos a nosotros mismos. Tal vez no suceda de inmediato. Quizá no sea ahora. Sin embargo, con el tiempo, es posible que sea pronto. No obstante, si el Espíritu nos guía, podemos hacer morir nuestro deseo de complacer la carne a cada momento. Entonces podemos vivir como Dios quiere y nuestra vida marchará bien.

Ser guiados por el Espíritu no solo significa obedecer los mandamientos específicos de Dios, sino también ser sensibles en todo momento a los silenciosos recordatorios del Espíritu Santo. Es tener una percepción suya en cuanto a qué hacer y cuándo hacerlo, y saber qué *no* hacer.

Tener al Espíritu Santo significa que estarás con Jesús cuando mueras

La mejor noticia es que el Espíritu Santo en ti, el que resucitó a Jesús de los muertos, también te resucitará de los muertos. «Y si el Espíritu de aquel que levantó de los muertos a Jesús mora en vosotros, el que levantó de los muertos a Cristo Jesús vivificará también vuestros cuerpos mortales por su Espíritu que mora en vosotros» (Romanos 8:11).

Cuando llegué a ser creyente, me preocupaba que Dios me pasara por alto cuando muriera. *¿Cómo se acordará de mí?* Sin embargo, ahora me doy cuenta de que el Espíritu Santo en mí llevará mi espíritu directamente a Dios. Es algo seguro. Lo mismo es cierto para ti. Él no te dejará ni te desamparará porque estás atado a Él para siempre. El Espíritu Santo es un depósito gigante en nuestra alma que dice que nos compraron y que pagaron por nosotros, y nuestra redención total sucederá cuando vayamos a estar con el Señor. Hasta entonces, el Espíritu Santo en ti te dará un sentido de eternidad todos los días.

Tener al Espíritu Santo significa que puedes contar con la dirección de Dios

El Espíritu Santo puede guiar tus pensamientos, acciones y palabras, y esta es otra indicación de que eres hijo de Dios. «Porque todos los que son *guiados por el Espíritu de Dios*, estos son hijos de Dios» (Romanos 8:14, énfasis añadido). La palabra griega para «guiar» aquí también puede significar «ser guiado *continuamente*». Eso significa que el Espíritu Santo nos puede impulsar a lo largo del día. La Biblia también dice que debemos ser «llenos del Espíritu» (Efesios 5:18). Este pasaje también implica que debemos ser «llenos continuamente».

Tener al Espíritu Santo significa que siempre tienes ayuda y esperanza

El Espíritu Santo nos ayuda en todas las cosas. «Mas el Consolador, el Espíritu Santo, a quien el Padre enviará en mi nombre, él os enseñará todas las cosas, y os recordará todo lo que yo os he dicho» (Juan 14:26). El Espíritu Santo nos llena con esperanza y paz (Romanos 15:13).

Tener al Espíritu Santo significa que puedes orar con más eficacia

El Espíritu Santo nos ayuda a orar con poder. «Y de igual manera el Espíritu nos ayuda en nuestra debilidad; pues qué hemos de pedir como conviene, no lo sabemos, pero el Espíritu mismo intercede por nosotros con gemidos indecibles» (Romanos 8:26). El Espíritu Santo guía nuestras oraciones para que puedan alinearse con la voluntad de Dios, y eso las hace mucho más poderosas y eficaces.

Tener al Espíritu Santo significa que puedes moverte en el poder de Dios

Debido a que el Espíritu Santo está en nosotros, tenemos acceso al poder de Dios. Nunca debemos pasar por alto este hecho. No queremos tener «apariencia de piedad», pero negar «su poder» (2 Timoteo 3:5). Cuando negamos el poder de Dios, detenemos toda la magnitud de su obra en nuestras vidas. Limitamos lo que Él puede hacer *en* nosotros y *por medio* de nosotros. Sin su poder, no podemos superar nuestros límites, ni soportar todo lo que viene en contra nuestra.

Tener al Espíritu Santo significa que tienes acceso a la sabiduría y la verdad de Dios

No podemos hacer lo que necesitamos hacer sin la sabiduría de Dios. Él nos da discernimiento y revelación. «Lo cual también hablamos, no con palabras enseñadas por sabiduría humana, sino con las que enseña el Espíritu, acomodando lo espiritual a lo espiritual» (1 Corintios 2:13). Él nos revela cosas (2 Pedro 1:21). Nos enseña todas las cosas (Juan 14:26). No podemos conducir nuestras vidas sin sabiduría, discernimiento y revelación.

A fin de poder tener una vida exitosa, tenemos que ser personas de la verdad. Debemos tener al Espíritu de verdad en nosotros que nos enseña lo que es cierto y lo que no lo es. No queremos ser como las personas que «siempre están aprendiendo, y nunca pueden llegar al conocimiento de la verdad» (2 Timoteo 3:7). Necesitamos al Espíritu de verdad que nos permita discernir la verdad en todas las circunstancias (Juan 14:16-17). En cada aspecto de nuestra vida, es importante que podamos discernir la verdad de una mentira. ¿Cuánta gente se ha encontrado en esclavitud, quebrantamiento y fracaso porque no pudo discernir la verdad en cada situación?

Al Espíritu Santo de Dios también se le llama el Consolador (Juan 14:26), el Espíritu de gracia (Hebreos 10.29), el Espíritu de vida (Romanos 8:2), el Espíritu de adopción (Romanos 8:15) y el Espíritu de santidad (Romanos 1:4). Él es eterno (Hebreos 9:14), omnipresente (Salmo 139:7-10), omnipotente (Lucas 1:35) y omnisciente (1 Corintios 2:10-11). El Espíritu Santo te da una vida de significado y realización. Él te edifica, te guía, hace viva la Palabra de Dios para ti y con su poder te permite lograr lo que nunca podrías hacer sin su ayuda. ¿Cómo puede alguien vivir sin Él?

❧ EL PODER DE LA ORACIÓN ❧

Señor:

Es muy bueno estar en tu presencia, donde todo tiene sentido. Es maravilloso estar otra vez en casa contigo en oración. Cuando estoy contigo, siento que tu paz, amor y gozo se elevan en mí. Cuando no he pasado suficiente tiempo contigo, extraño mucho esa sensación de la plenitud de tu presencia.

Señor, vengo ante ti y te pido que me vuelvas a llenar de tu Espíritu Santo hoy. Lávame con tu agua viva. Quita de mi corazón cualquier duda, temor o preocupación. Quita de mí todo lo que no sea de ti. Permite que ande en el Espíritu y no en la carne, y que dé muestras del fruto de tu Espíritu (Gálatas 5:16-17). Haz una obra completa en mí, a fin de que pueda mostrarles a otros tu amor puro.

Enséñame todo lo que necesito saber de ti. Permíteme dar muestras de fidelidad, humildad y dominio propio (Gálatas 5:22-23, nvi). Tú eres el Espíritu de sabiduría, gracia, santidad y vida. Tú eres el Espíritu de consejo, poder y conocimiento (Isaías 11:2). Espíritu de verdad, ayúdame a conocer la verdad en todas las cosas.

Gracias por dirigirme y guiarme. Gracias por ser mi Ayudador y Consolador. Gracias porque tu Espíritu en mí me permite andar en tus caminos y guardar tus mandamientos (Ezequiel 36:27). Ayúdame a orar con poder y adorarte de una manera que sea agradable a ti. Gracias porque me elevarás para estar contigo cuando termine mi vida en la tierra. Hasta entonces, guíame para estar más cerca de ti.

Todo esto te lo pido en el nombre de Jesús.

⮜⧽ EL PODER DE LA PALABRA ⧼⮞

Y pondré dentro de vosotros mi Espíritu, y haré que
andéis en mis estatutos, y guardéis mis preceptos,
y los pongáis por obra.
EZEQUIEL 36:27

Pero cuando venga el Espíritu de verdad, él os guiará
a toda la verdad; porque no hablará por su propia
cuenta, sino que hablará todo lo que oyere, y os hará
saber las cosas que habrán de venir.
JUAN 16:13

Y yo rogaré al Padre, y os dará otro Consolador,
para que esté con vosotros para siempre: el Espíritu
de verdad, al cual el mundo no puede recibir, porque
no le ve, ni le conoce; pero vosotros le conocéis,
porque mora con vosotros, y estará en vosotros.
JUAN 14:16-17

Pedro les dijo: Arrepentíos, y bautícese cada uno de vosotros
en el nombre de Jesucristo para perdón de los pecados; y
recibiréis el don del Espíritu Santo.
HECHOS 2:38

Porque todos los que son guiados por el Espíritu
de Dios, éstos son hijos de Dios. Pues no habéis
recibido el espíritu de esclavitud para estar otra vez
en temor, sino que habéis recibido el espíritu de adopción,
por el cual clamamos: ¡Abba, Padre! El Espíritu
mismo da testimonio a nuestro espíritu, de que
somos hijos de Dios.

ROMANOS 8:14-16

4

TÓMALE LA
PALABRA A DIOS

⟫⟫⟫⟫⟫⟫

El conocimiento de Dios no se da sin saber lo que su Palabra dice de Él. La Palabra de Dios te ayuda a entender lo que da resultado en la vida y lo que no da resultado. La obediencia a la Palabra de Dios comienza con la determinación de no hacer concesiones en sus caminos. Requiere de un entendimiento claro de que las reglas y las leyes de Dios son para tu beneficio y, de ese modo, haces todo lo que puedes para vivir por ellas. Cuando vives de esta manera, cada paso de obediencia que das te acerca más a la libertad, a la plenitud y al verdadero éxito que Dios tiene para ti.

Mi vida nunca ha sido fácil. Cuando no tienes una madre que te guíe, tu padre solo está tratando de sobrellevar las cosas con una esposa mentalmente enferma y estás aislada de otros familiares que quizá podrían haber ayudado, pero estaban tan ocupados con sus propias vidas y no estaban cerca, creces teniendo que aprender muchas lecciones de la manera difícil. Eso significa tomar incontables decisiones malas porque no sabes cómo hacerlo mejor y, luego, pagas las consecuencias.

Aprender de la manera difícil cómo funciona la vida tiene una sola ventaja que puedo ver. Y es que aprendí las lecciones lo bastante bien como para enseñárselas a otros con algo de credibilidad. Eso se debe a que he pasado por esas situaciones, las he vivido y tengo las cicatrices para demostrarlo. Sin embargo, he experimentado demasiado sufrimiento y dolor sin que fuera necesario, porque no conocía las cosas adecuadas que debía hacer. Además, era demasiado ingenua como para ver que se acercaba el desastre. Si hubiera conocido al Señor a una edad temprana, si hubiera conocido los caminos de Dios y el Espíritu Santo me hubiera guiado, nunca habría hecho las cosas alocadas, tontas y peligrosas que hice. Necesitaba la comprensión de la Palabra de Dios mucho antes de tenerla. Quiero decirte que quisiera haberlo sabido entonces.

Aprende a tomarle a Dios la Palabra

Tienes que saber que eres esclavo de la persona a la que obedeces. Si obedeces las reglas de Dios, llegas a ser esclavo de la justicia. Si le das tu ser a una vida de desobediencia a los caminos de Dios, llegas a ser esclavo del pecado. «¿No sabéis que si os sometéis a alguien como esclavos para obedecerle, sois esclavos de aquel a quien obedecéis, sea del pecado para muerte, o sea de la obediencia para justicia?» (Romanos 6:16).

Algunas personas piensan que están liberadas por completo cuando se oponen a los caminos de Dios, pero la verdad es que se convierten en esclavos de su estilo de vida y no son libres en absoluto. No obstante, nos *podemos* liberar de la esclavitud al pecado y convertirnos en esclavos de la justicia donde hay incontables recompensas (Romanos 6:17-18).

Para hacerlo, tenemos que darnos cuenta de que no podemos obedecer las leyes de Dios por nuestra cuenta. Somos demasiado débiles. Aun cuando deseamos hacer lo bueno, no siempre lo hacemos. Y a menudo terminamos haciendo las cosas que no queremos hacer. El apóstol Pablo dijo: «Porque no hago el bien que quiero, sino el mal que no quiero, eso hago»

(Romanos 7:19). Aun alguien tan fuerte en la fe como lo era Pablo, y podría agregar que había visto a Jesús, luchaba con esto.

Después que recibimos al Señor, tenemos este conflicto interno entre nuestra vieja naturaleza pecaminosa y nuestro nuevo ser redimido. Nuestra carne quiere lo que desea ella, mientras que nuestra mente quiere servir las leyes de Dios. Jesús dijo: «¿Por qué me llamáis, Señor, Señor, y no hacéis lo que yo digo?» (Lucas 6:46). Si le decimos «Señor» a Jesús, tenemos la responsabilidad de saber lo que es bueno y lo que es malo. Además, con solo leer la Palabra de Dios podemos ver lo que hacemos mal. Y aunque podamos decidir hacer lo bueno, el poder del Espíritu Santo es lo que nos permite hacerlo en realidad.

Jesús nos libera de nuestro viejo ser y nos rescata para que moremos en el poder del Espíritu Santo. *Nosotros* decidimos leer la Palabra de Dios y orar para que el Espíritu Santo haga que cobre vida en nuestro corazón y nos permita vivir como quiere Dios.

ALGUNAS BUENAS RAZONES PARA QUE PERMITAS QUE LA PALABRA DE DIOS VIVA EN TI

Para que se escuchen tus oraciones. «El que aparta su oído para no oír la ley, su oración también es abominable» (Proverbios 28:9).

Para que se respondan tus oraciones. «Si permanecéis en mí, y mis palabras permanecen en vosotros, pedid todo lo que queréis, y os será hecho» (Juan 15:7).

Para que te alejes de los problemas. «Como pasa el torbellino, así el malo no permanece; mas el justo permanece para siempre» (Proverbios 10.25).

Para que te sanen y rescaten. «Envió su palabra, y los sanó, y los libró de su ruina» (Salmo 107:20).

Para que estés en el camino que te aparta de la muerte. «En el camino de la justicia está la vida; y en sus caminos no hay muerte» (Proverbios 12:28).

Para que recibas todo lo que Dios tiene para ti. «Porque sol y escudo es Jehová Dios; gracia y gloria dará Jehová. No quitará el bien a los que andan en integridad» (Salmo 84:11).

Para que tengas paz. «Mucha paz tienen los que aman tu ley, y no hay para ellos tropiezo» (Salmo 119:165).

Para que prosperes y tengas éxito. «Nunca se apartará de tu boca este libro de la ley, sino que de día y de noche meditarás en él, para que guardes y hagas conforme a todo lo que en él está escrito; porque entonces harás prosperar tu camino, y todo te saldrá bien» (Josué 1:8).

Para que tengas alimento para tu alma. «No solo de pan vivirá el hombre, sino de toda palabra que sale de la boca de Dios» (Mateo 4:4).

Para que experimentes la presencia de Dios. «Jehová, ¿quién habitará en tu tabernáculo? ¿Quién morará en tu monte santo? El que anda en integridad y hace justicia, y habla verdad en su corazón» (Salmo 15:1-2).

Es de suma importancia entender que la lectura de la Palabra de Dios no nos hace justos. Nuestra justicia solo viene a través de la fe en Cristo (Filipenses 3:9). Dios te considera justo por lo que hizo Jesús, no por algo que hicieras tú. Jesús asumió tu pecado para que tú pudieras asumir la justicia de Dios. «Al que no conoció pecado, por nosotros lo hizo pecado, para que nosotros fuésemos hechos justicia de Dios en él» (2 Corintios 5:21).

Es imperativo que sepas esto *a toda costa*, porque la justicia no se puede obtener tratando de ser perfectos al cumplir las leyes de Dios. Todos estamos condenados al fracaso si lo hacemos y, con el tiempo, la gente se apartará de Dios porque es lamentable sentirse siempre un fracaso. Debes darte cuenta y reconocer que Dios ve la justicia de Jesús en ti. No obstante, tienes parte en esto. Él espera que de ahora en adelante *quieras* vivir a su manera. La buena noticia es que el Espíritu Santo *en* ti lleva a cabo en tu vida la obra de vivir como quiere Dios.

Ama la ley del Señor

El rey David, que era tan pecador como cualquiera, dijo: «Me regocijo en tu palabra como el que halla muchos despojos. La mentira aborrezco y abomino; tu ley amo» (Salmo 119:162-163). «Mi alma ha guardado tus testimonios, y los he amado en gran manera» (Salmo 119:167). David amaba la ley del Señor. También dijo:

> La ley de Jehová es *perfecta,* que convierte el alma; el testimonio de Jehová es *fiel,* que hace sabio al sencillo. Los mandamientos de Jehová son *rectos,* que alegran el corazón; el precepto de Jehová es *puro,* que alumbra los ojos. (Salmo 19:7-8, énfasis añadido)

Yo me enamoré de la Palabra de Dios poco después que me convirtiera en creyente. El Espíritu Santo hizo que cobrara vida en mi corazón mientras la leía. Además, escuchaba su enseñanza dada cada semana por un gran maestro de la Biblia. Me encantaba que la Palabra de Dios tuviera sentido y que mi vida marchara mejor cuando vivía de acuerdo a ella. Podía sentir que cambiaba mi corazón y mi mente cada vez que la leía. Asimismo, me daba cuenta de que mientras más la escuchaba o la leía, más me gustaba.

La Biblia hará lo mismo por ti.

Cada vez que leas la Palabra de Dios, el Espíritu Santo la iluminará en tu alma y te renovarás de manera continua. Suavizará los lugares que se hayan endurecido. Te ayudará a transformarte en la persona que Dios quiere que seas. Llegarás a ser cada vez más capaz de resistirte a los caminos de este mundo que se oponen a los caminos de Dios.

Cada vez que leas la Biblia, se fortalecerá tu relación con el Señor y crecerá tu fe. Percibirás la presencia del Espíritu Santo que te guía y habla a tu corazón mientras Él renueva tu mente y te revela la verdad. Tendrás mayor claridad, esperanza renovada y una paz más profunda. Llegarás a ser más semejante a Cristo. Y amarás más a Dios y su Palabra.

La Biblia es la suprema autoridad de Dios en todo lo que tiene que ver contigo y tu vida. La dirección específica en la que camines, las decisiones que tomes o las acciones que hagas deben estar de acuerdo con la Palabra de Dios. Jesús dijo que la verdad te hará libre (Juan 8:32). Sin embargo, no se trata de cualquier verdad. Puedes saber la verdad de tus finanzas, de tu salud, de tu matrimonio, de tus relaciones, de la situación de tu trabajo, de la economía o de tu gobierno y nunca ser libre. Solo la verdad de la Palabra de Dios puede liberarte.

La Palabra de Dios es nuestra mejor arma para la guerra espiritual. Se le llama la «espada del Espíritu» (Efesios 6:17). Tenemos que leerla, hablarla y creerla para enfrentarnos al ataque del enemigo. Nada penetrará nuestro corazón ni cambiará nuestras vidas de manera más profunda. La Palabra de Dios nunca falla. Tenemos que confiar en ella. Cuando no tenemos la Palabra de Dios grabada en nuestro corazón, vamos tras cosas que no nos dejarán satisfechos. Hacemos cosas equivocadas que arruinan nuestras vidas. Vivimos como queremos y le echamos la culpa a Dios porque nuestra vida no está funcionando bien. Sin la Palabra de Dios acabamos buscando amor y realización en los lugares equivocados. Terminamos aprendiendo las lecciones a base de cometer errores.

ঔ৯ EL PODER DE LA ORACIÓN ঔ৯

Señor:

Te doy gracias por tu Palabra. Me muestra cómo vivir y me doy cuenta de que mi vida no marcha bien si no vivo como quieres tú. Ayúdame a entender todo lo que leo en tu Palabra. Reúnete conmigo en las páginas y enséñame lo que necesito saber. «Abre mis ojos, y miraré las maravillas de tu ley» (Salmo 119:18). Háblame y revélame las cosas que necesito saber.

Gracias por el consuelo, la sanidad, la liberación y la paz que me da tu Palabra. Es alimento para mi alma hambrienta. Ayúdame a leerla todos los días para que tenga un entendimiento sólido de quién eres, de quién quieres que sea y cómo debo vivir. Mi deleite no está en el consejo de los impíos, sino en tu ley. Ayúdame a meditar en ella de día y de noche para que pueda ser como un árbol plantado junto a una corriente de agua que da fruto y su hoja no cae, a fin de que prospere todo lo que haga (Salmo 1:1-3).

Ayúdame a no alejarme nunca de tu ley. Que tus palabras vivan en mí para que cuando ore, vea respuestas a mis oraciones (Juan 15:7). Permíteme vivir como tú quieres, para que mis oraciones siempre sean agradables a tus ojos (Proverbios 28:9). Gracias porque tu Palabra revela lo que está en mi corazón. Te pido que limpies mi corazón de todo mal y que reveles todo lo que no sea tu voluntad para mi vida. Enséñame la manera adecuada de vivir para que mi vida marche de la manera que tú quieres que lo haga.

Todo esto te lo pido en el nombre de Jesús.

❧ EL PODER DE LA PALABRA ❧

Porque la palabra de Dios es viva y eficaz, y más
cortante que toda espada de dos filos; y penetra hasta
partir el alma y el espíritu, las coyunturas y los tuétanos,
y discierne los pensamientos y las
intenciones del corazón.

HEBREOS 4:12

La hierba se seca y la flor se marchita, pero la
palabra de nuestro Dios permanece para siempre.

ISAÍAS 40:8, NVI

Bienaventurado el varón que no anduvo en
consejo de malos, ni estuvo en camino de pecadores,
Ni en silla de escarnecedores se ha sentado; sino que
en la ley de Jehová está su delicia, y en su ley medita
de día y de noche. Será como árbol plantado junto a
corrientes de aguas, que da su fruto en su tiempo,
y su hoja no cae; y todo lo que hace, prosperará.

SALMO 1:1-3

Me postraré hacia tu santo templo, y alabaré tu
nombre por tu misericordia y tu fidelidad;
porque has engrandecido tu nombre, y tu palabra
sobre todas las cosas.

SALMO 138:2

El cielo y la tierra pasarán, pero mis
palabras no pasarán.

LUCAS 21:33

5

HAZ DE LA ADORACIÓN UN HÁBITO

———

Son innumerables las veces que he ido a la iglesia y he cantado cantos de adoración y alabanza junto con los demás que están allí y, en el proceso, he sentido que se ablanda la dureza de mi corazón, cambia mi actitud negativa y aumenta el gozo puro dentro de mí. En realidad, nunca antes había conocido el gozo hasta el día que lo experimenté en la adoración. Percibí la presencia del Espíritu Santo y tuve una conciencia tan profunda del amor de Dios que me hizo derramar lágrimas. El gozo del Señor surgió en mi corazón como un amanecer: sanando, edificando, envolviendo, engrandeciendo, calmando, asegurando y redimiendo.

Desde ese día supe que mi vida nunca sería la misma. Era adicta a la presencia de Dios. No podía, ni quería, vivir sin ese gozo en mi corazón. No quería pasar un día sin su presencia manifestándose de manera profunda en mi vida. La presencia de Dios, y todo lo que es Él, me doblegaba. No importaba lo que hubiera hecho ni cuáles fueran mis circunstancias. Fue la única vez en mi vida, hasta ese punto, que sentí amor incondicional.

Desde entonces, he tenido esa misma sensación de la presencia de Dios muchas veces y cada vez ha sido transformadora. Sin embargo, siempre atesoraré el recuerdo de la primera vez: salir de la oscuridad de mi pasado, y de los hábitos negativos de pensamiento que amenazaban con desviar mi vida, hacia la sobrecogedora luz del Señor.

Tú también necesitas esa experiencia. Tienes que poder dejar tus preocupaciones y problemas y estar en la presencia de Dios, y permitir que su amor te inunde y te llene con su paz y gozo.

La oración más pura de todas

Mi definición de oración es solo comunicarse con Dios. Entonces, es lógico que la forma más pura de la oración sea la alabanza y la adoración. Es pura porque el enfoque está por completo en el Señor y no en nosotros. En la adoración nos acercamos a Dios, nada más que para estar con Él a solas, y comunicamos nuestra reverencia, amor, agradecimiento, devoción y adoración a Él.

La Biblia dice que Dios vive en la adoración de su pueblo. «Pero tú eres santo, tú que habitas entre las alabanzas de Israel» (Salmo 22:3). Cuando lo adoramos, su presencia llega a morar en nosotros de una manera poderosa porque la alabanza y la adoración invitan su presencia. Nunca estamos más cerca de Dios que cuando lo adoramos. Él es Emanuel, lo cual significa «Dios con nosotros». Él *quiere* estar con *nosotros*. Sin embargo, *nosotros* primero tenemos que querer estar con *Él*. Nosotros le mostramos que queremos estar con Él cada vez que lo adoramos.

El mayor regalo que tenemos es la presencia de Dios. Eso lo cambia todo en nuestras vidas. Cambia nuestro corazón, nuestra mente, nuestra actitud y hasta nuestras circunstancias. Eso se debe a que no es posible estar en la presencia de Dios sin experimentar un cambio positivo. La razón de eso es que llegamos a parecernos a lo que adoramos (Salmo 115:4-8). Mientras más adoramos a Dios, más llegamos a ser semejantes a Él.

A fin de encontrar libertad, plenitud y verdadero éxito en la vida, tenemos que llegar a ser más semejantes al Señor. Y eso significa pasar tiempo en su presencia al hacer de la alabanza y la adoración una forma de vida.

La mayoría de la gente no adora a Dios tanto como debería porque no lo conoce lo bastante bien. No comprende en su totalidad todas las razones por las que Él es digno de alabanza. Ni se da cuenta del inmenso impacto que la alabanza y la adoración tienen en sus vidas. No obstante, si le pides a Dios todos los días que te dé una revelación nueva de quién es, Él lo hará. Y te garantizo que mientras más lo conozcas, más vas a querer alabarlo.

La adoración y la alabanza son precisamente el medio que Dios utiliza para transformar nuestras vidas. Eso se debe a que un regalo de Dios está escondido en nuestra adoración a Él. Dios no necesita nuestra alabanza para sentirse mejor consigo mismo ni para afirmarse de que Él es Dios. Ya sabe que es Dios y no tiene ninguna duda de eso. El propósito de la alabanza y la adoración no es recordarle a Dios quién es. Es *acordarnos* nosotros quién es Él. *Nosotros* somos los que necesitamos recordar eso.

El regalo precioso que Dios nos da cuando lo adoramos es más de Él mismo. Siempre que le abrimos nuestros corazones en alabanza, Él se derrama en nosotros. Derrama su amor, paz, poder, gozo, bondad, sabiduría, santidad, plenitud y libertad en nosotros cada vez que lo adoramos.

Por lo tanto, cuando sientas la necesidad de más del Señor en tu vida, cuando necesites más paz, poder, amor, gozo o sabiduría, adora a Dios.

Dios te creó para que lo adores. Naciste para hacerlo. Es el lugar donde encontrarás tu mayor paz y una razón de ser.

Es donde verás a Dios como es en verdad y, al hacerlo, verás también quién *eres* en realidad. Sin embargo, la adoración tiene que llegar a ser una forma de vida, un hábito, una decisión que ya se tomó, una parte de la esencia de tu vida, una prioridad, como el aire que respiras.

No solo hacen falta tener tiempos personales de adoración, también es muy importante adorar junto con otros creyentes. Cosas poderosas pasan en la adoración colectiva. Una sensación de que un avivamiento se está encendiendo en tu alma hará que tu corazón se conmueva. En su presencia hay sanidad y experimentarás una mejor claridad de mente. Te sentirás enriquecido, renovado y revitalizado. La adoración y la alabanza también son armas de guerra porque pueden revertir lo que el enemigo esté poniendo en funcionamiento.

La adoración continua en tu corazón lo cambiará todo, en especial cuando es tu *primera* reacción a las cosas que ocurren, ya sean buenas o malas. Mientras más conozcas a Dios, más vas a querer adorarlo. Mientras más sepas lo que Dios ha hecho, más vas a querer darle alabanzas.

Cuando quieras estar inspirado para adorar

Cuando quieras un gran incentivo para adorar, lee todo el Salmo 103. A continuación hay unos cuantos versículos de ese capítulo para despertar tu interés. Si no encuentras una razón para adorar a Dios en cualquiera de estos versículos, pídele a Dios que te dé un gran despertar.

Bendice, alma mía, a Jehová, y bendiga todo mi ser su santo nombre (versículo 1).

Bendice, alma mía, a Jehová, y no olvides ninguno de sus beneficios (versículo 2).

Él es quien perdona todas tus iniquidades, el que sana todas tus dolencias (versículo 3).

El que rescata del hoyo tu vida, el que te corona de favores y misericordias (versículo 4).

El que sacia de bien tu boca de modo que te rejuvenezcas como el águila (versículo 5).

Jehová es el que hace justicia y derecho a todos los que padecen violencia (versículo 6).

Misericordioso y clemente es Jehová; lento para la ira, y grande en misericordia (versículo 8).

No ha hecho con nosotros conforme a nuestras iniquidades, ni nos ha pagado conforme a nuestros pecados (versículo 10).

Porque como la altura de los cielos sobre la tierra, engrandeció su misericordia sobre los que le temen (versículo 11).

Cuanto está lejos el oriente del occidente, hizo alejar de nosotros nuestras rebeliones (versículo 12).

Cómo se encuentra la transformación en la adoración

Me encanta la historia del Antiguo Testamento donde el pueblo que llevaba el arca del pacto que tenía los Diez Mandamientos se detenía cada seis pasos para adorar (2 Samuel 6:13). Eso me ha impresionado mucho. Creo que es algo que nosotros debemos hacer también. Deberíamos detenernos con frecuencia para adorar a Dios, de quien llevamos dentro el Espíritu Santo de verdad. No deberíamos dejar que avancemos mucho sin ese contacto íntimo con el Señor.

Cuanto te sientas abrumado por lo que estás cargando, ve ante el Señor en alabanza y adoración y Él te quitará la carga. Cuando no puedas dar otro paso, o sientas que no puedes hacer lo que tienes que hacer, es probable que sea porque estás tratando de hacerlo con tus propias fuerzas. Mientras adoras y alabas a Dios, Él te fortalecerá. Además, tendrás un mayor sentido de su poder y de tu dependencia de Él. Dios quiere que lo adores en medio de cualquier situación que estés enfrentando y que confíes después en que Él te permitirá hacer lo que hay que hacer.

Mientras más conozcas a Dios, más vas a querer adorarlo. A decir verdad, no podrás detenerte.

La alabanza fortalece y transforma tu alma (Salmo 138:1-3). Quita el temor (Salmo 34) y la duda (Salmo 27). Libera el poder de Dios en tu vida (Salmo 144) y destruye los planes del enemigo (Salmo 92). Eso se debe a que la adoración y la alabanza colocan una capa de protección en la que el enemigo no puede penetrar. Este solo es el comienzo de lo que Dios derramará en tu vida cuando lo adores. ¿Cómo puedes encontrar el verdadero éxito en tu vida sin adorar al que hace que todo ocurra?

◈ EL PODER DE LA ORACIÓN ◈

Señor:

Entro a tus puertas con gratitud y a tus atrios con alabanza (Salmo 100:4). Te adoro como el todopoderoso, el omnipotente Dios del cielo y la tierra y el Creador de todas las cosas. Te alabo como mi Padre celestial que está conmigo todos los días para guiarme y protegerme. Gracias por todo lo que me has dado y todo lo que me proveerás en el futuro. «Tú proteges todo lo que me pertenece. La tierra que me has dado es agradable» (Salmo 16:5-6, NTV).

Te alabo por tu amor que me libera y me hace perfecto. Derrama tu amor en mí para que fluya hacia otros y te glorifique en el proceso. Gracias por tu gran acto de amor: enviar a tu Hijo a morir por mí. Te alabo,

Jesús, mi Señor y Redentor, porque me salvaste y me diste un fundamento que es firme. «Tú ensanchaste mis pasos debajo de mí, y mis pies no han resbalado» (2 Samuel 22:37). Mi gran privilegio es exaltarte por encima de todo y proclamar que eres el Rey de reyes y el Señor de señores. Nadie es mayor que tú.

Te alabo por tu Espíritu Santo, que me guía y consuela. Te alabo por tu sabiduría y revelación. Te alabo por tu paz y gozo. Gracias por estar a cargo de mi vida y porque nada es demasiado difícil para ti. Gracias por permitirme hacer lo que nunca podría *hacer* sin ti. Señor, ayúdame a adorarte de maneras que sean agradables a tus ojos. Tú eres santo y digno de toda alabanza, y te exalto por encima de todo lo demás.

Todo esto te lo pido en el nombre de Jesús.

◆ EL PODER DE LA PALABRA ◆

Mas la hora viene, y ahora es, cuando los verdaderos adoradores adorarán al Padre en espíritu y en verdad; porque también el Padre tales adoradores busca que le adoren.
JUAN 4:23

Alaben la misericordia de Jehová, y sus maravillas para con los hijos de los hombres.
SALMO 107:8

Cantad alegres a Dios, habitantes de toda la tierra. Servid a Jehová con alegría; venid ante su presencia con regocijo.
SALMO 100:1-2

Bendeciré a Jehová en todo tiempo;
su alabanza estará de continuo en mi boca.
En Jehová se gloriará mi alma;
lo oirán los mansos, y se alegrarán.
Salmo 34:1-2

Mas vosotros sois linaje escogido, real sacerdocio,
nación santa, pueblo adquirido por Dios,
para que anunciéis las virtudes de aquel que os
llamó de las tinieblas a su luz admirable.
1 Pedro 2:9

≈ 6 ≈

ORA COMO SI TU VIDA DEPENDIERA DE ESO

~~~~~~~~

El año pasado, poco antes del Día de Acción de Gracias, a mi hermana, Suzy, le diagnosticaron cáncer de mama. La noticia hizo un impacto en su esposo y sus hijos y los devastó. Ella es una parte tan importante de nuestras vidas que el dolor se arraigó en nosotros como una pesada capa de plomo. No podíamos dejar de llorar, ni de caminar a media noche para llorar y orar. Oramos por días y no podíamos asimilar la devastadora noticia.

Cinco días después, mi hermana, su hija, Stephanie, nuestra querida amiga, Roz, mi hija, Amanda, y yo nos reunimos para orar. Entramos a mi oficina en el ático de nuestra casa, donde todas nos reunimos a orar cada semana. Teníamos el corazón afligido y un espíritu de dolor se había arraigado en nosotros. A pesar de todo lo que habíamos orado los días anteriores, no habíamos podido superarlo en absoluto.

En esa reunión de oración, hicimos lo que hacemos siempre. Primero leímos la Palabra, y después tuvimos un tiempo de adoración. Entonces oramos por dos horas. Cuando terminó la reunión, tuvimos una *profunda sensación* de la presencia de Dios, y el espíritu de dolor desapareció por completo. Cada una de nosotras recibió un entendimiento profundo de que Dios tenía su mano sobre Suzy y que estaría a su lado en todo este proceso. Todas sentimos que habría victoria, no solo como el resultado final, sino también a lo largo del camino. Ninguna de nosotras podía haber hecho que esos sentimientos aparecieran por nuestra cuenta. Sabíamos que Dios hizo una obra en nuestros corazones en respuesta a la adoración y a la oración.

Entramos a esa habitación con dolor y tristeza, y salimos con la paz de Dios. Todas teníamos una sensación de que Suzy sobreviviría y prosperaría. Aun cuando no sabíamos lo que se avecinaba, estábamos seguras de que Dios estaba caminando con ella. Sentimos una paz que sobrepasa todo entendimiento. Sabíamos que Dios había obrado un milagro en nuestros corazones.

Dos días antes de la Navidad, Suzy tuvo una mastectomía doble. El médico le dijo que el cáncer no se había extendido y que no tendría que tener ningún otro tratamiento. Esta fue una noticia fantástica para todos nosotros y el mejor regalo que podíamos recibir. Era el mejor resultado posible, pero aunque la noticia no hubiera sido tan positiva, sabíamos que Dios habría estado con ella en cada paso del tratamiento. Habríamos seguido orando por sanidad y, aun así, mantendríamos la paz que Dios nos había dado ese día.

Santiago, uno de los hermanos de Jesús, dijo: «¿Está alguno entre vosotros afligido? Haga oración» (Santiago 5:13). También dijo: «No tenéis lo que deseáis, porque no pedís» (Santiago 4:2). No puede ser más claro que eso. Tenemos que orar.

Al hablar otra vez de la oración, Santiago dijo: «Pedís, y no recibís, porque pedís mal, para gastar en vuestros deleites» (Santiago 4:3). La oración tiene que ser más que una simple petición de las cosas que queremos. Antes que todo, es el medio por el que nos acercamos a Dios y pasamos tiempo a su lado, hablamos con Él y lo escuchamos. Es la manera en que lo conocemos mejor y le demostramos nuestro amor. Es esperar a sus pies para poder encontrar libertad y sanidad en su presencia. La oración es el medio por el que reconocemos nuestra dependencia de Él y nuestro agradecimiento por su poder en nuestra vida.

En lo personal, he visto innumerables respuestas a la oración por mi matrimonio, mis hijos, mi salud, mis emociones, mi mente, mi trabajo y mucho más. Tengo tantas respuestas a la oración que en una época no sabía si serían posibles. Estoy segura de que Dios responde las oraciones, y quiero que tú también sepas esto. Es absolutamente crucial para cada aspecto de tu vida.

Cómo se resiste la tentación de no orar

Si todas estas cosas que Santiago dijo de la oración son ciertas, y yo creo que sí lo son porque la Biblia fue inspirada divinamente por Dios, ¿cuál es nuestro problema? ¿Qué es lo que nos hace estar indecisos a la hora de orar? ¿Por qué no oramos lo suficiente aun cuando sabemos que deberíamos hacerlo y en realidad queremos hacerlo? He aquí algunas de las posibles razones por las que no oramos tanto ni con fervor como deberíamos hacerlo:

- No creemos por completo lo que dice la Palabra de Dios acerca de la oración.
- Suponemos que la Biblia se escribió para todos los demás, pero no para nosotros.
- Pensamos que estamos demasiado ocupados.
- No creemos que Dios escuchará nuestras oraciones, ni las responderá.
- No sentimos que seamos lo bastante buenos para merecer una respuesta a la oración.

- Queremos que Dios haga lo que queremos sin ningún esfuerzo de nuestra parte.
- Hemos visto casos donde Dios no respondió una oración y, por lo tanto, llegamos a la conclusión de que Él no responde *ninguna* oración.
- Pensamos que nosotros mismos podemos hacer que nuestra vida marche bien.
- Imaginamos que de seguro Dios tiene muchas cosas mejores que hacer que responder a nuestras oraciones.
- Creemos que Jesús solo les hablaba de la oración a sus discípulos y a nadie más en el planeta.
- No tenemos suficiente fe para creer que la oración dé resultados.
- Pensamos que no sabemos cómo orar.
- Creemos que no podemos enfrentar a Dios después de haber vuelto a fracasar en vivir como Él quiere.
- Olvidamos que tenemos al Espíritu Santo en nosotros como una línea directa a Dios, que nos ayuda a orar.
- Nos intimidan las grandes oraciones que escuchamos que hacen otros y tememos que no pareceremos lo bastante elocuentes.
- No consideramos la oración como un diálogo con Dios, así que vemos nuestras oraciones como que nunca se elevan más allá del techo, mucho menos hasta los oídos de Dios.

Si te identificas con cualquiera de estas razones para no orar lo suficiente, no estás solo. Hay mucha gente que se siente así. Es más, creo que este sentimiento es epidémico. Sin embargo, la buena noticia es que puedes *orar* para poder *orar* y Dios te pondrá en condiciones para orar más y de mejor manera.

No saber cómo orar es una insignificancia si tu definición de la oración es solo comunicarse con Dios. Cuando oras, le estás abriendo tu corazón. Eso significa que no hay una oración buena o mala, solo existe una oración sincera. Si estás pensando: *Mis preocupaciones no son lo bastante importantes como para que Dios pierda su tiempo en responder*, permíteme asegurarte que Dios tiene abundante tiempo. En realidad, Él tiene todo el tiempo del mundo. Y cada cosa que sea importante para ti es importante para Él. Así como un buen padre o una buena madre escuchará a su hijo o hija hablar de algo que le resulta importante, Dios te escucha.

Si piensas: *No puedo volver a Dios llorando después de haberle vuelto a fallar*, entiende que todos tenemos tiempos de fracaso. Incluso, después de haber recibido a Jesús y que Él nos ha perdonado todos nuestros pecados pasados, podemos volver a pecar. Dios sabe eso acerca de nosotros y por eso es que nos dio la confesión y el arrepentimiento como manera de borrar la pizarra. Recuerda que el enemigo quiere que sientas la condenación porque sabe que eso te evitará buscar a Dios. No le des esa satisfacción.

Si estás pensando: *No siento que soy lo bastante bueno como para que Dios escuche siquiera mis oraciones, mucho menos responderlas*, bienvenido a la familia. La mayoría de nosotros se siente así. Sin embargo, eso no es malo. Déjame explicarte otra vez este *proceso de recibir a Jesús*.

Cuando recibes a Jesús, desde ese momento Dios ve la justicia de Jesús en tu corazón. Él envía al Espíritu Santo a vivir en ti, y entonces puedes estar cerca de Dios. Puedes hablar con Él y escuchar lo que habla a tu corazón. El Espíritu Santo te ayuda a orar, y Dios escucha y responde, no porque tú lo merezcas, sino por lo que hizo *Jesús*.

Eso se llama gracia.

Ninguno de nosotros es lo bastante bueno como para merecer todo lo que Dios ha hecho por nosotros. Es Jesús *en* nosotros lo que nos hace lo bastante buenos. Tienes que entender esto o el enemigo vendrá con sus mentiras para convencerte de lo contrario, y esto quizá te impida orar.

Lo que Jesús dijo acerca de la oración

Y yo os digo: Pedid, y se os dará; buscad, y hallaréis; llamad, y se os abrirá. Porque todo aquel que pide, recibe; y el que busca, halla; y al que llama, se le abrirá. (Lucas 11:9-10)

Mas tú, cuando ores, entra en tu aposento, y cerrada la puerta, ora a tu Padre que está en secreto; y tu Padre que ve en lo secreto te recompensará en público. (Mateo 6:6)

Y todo lo que pidiereis en oración, creyendo, lo recibiréis. (Mateo 21:22)

Y todo lo que pidiereis al Padre en mi nombre, lo haré, para que el Padre sea glorificado en el Hijo. Si algo pidiereis en mi nombre, yo lo haré. (Juan 14:13-14)

Ora por tus necesidades y las necesidades de otros

La manera en que aprendes a orar es orando. Jesús nos enseñó a orar por nuestras necesidades en el Padrenuestro. Nunca dijo *no* ores por tus necesidades. Dijo que Dios sabe lo que necesitas, así que no te preocupes; en lugar de eso, ora. No preocuparse por algo no significa que no vas a orar por eso. Significa que oras por eso y confías que Dios responderá a su manera y a su tiempo. Comienza con las necesidades más urgentes de tu corazón. Después, ora por las necesidades de los que te rodean en tu vida y en tu mundo. Pídele a Dios que te muestre cuáles son las necesidades genuinas.

El otro día mi hija me contó cómo oró con un amigo que fue a buscarla de manera específica para orar. Este amigo le contó algo muy serio y trágico que sucedió y cómo, de una manera terriblemente dañina, le había afectado en su vida desde entonces. Amanda tuvo que hacer oraciones poderosas por liberación, más allá de su zona de comodidad y experiencia; y su amigo fue liberado de la fortaleza de tristeza que había invadido y tomado su vida durante tanto tiempo. Es probable que ella hubiera vacilado en hacerlo de no haber estado en un grupo de oración por años. Se alegró porque tenía la experiencia de orar delante de otros y pudo enfrentar este reto crucial. Aprendió que mientras más oras, tus oraciones son más eficaces.

No dejes pasar cualquier oportunidad de orar por otros. Todos necesitan la oración y no les importará cuán elocuente parezcas.

Cuando Dios no ha respondido tu oración

Si has orado por algo y todavía no has visto una respuesta, recuerda que la oración no es decirle a Dios lo que hay que hacer. La oración es decirle a Dios lo que tú *quieres* que Él haga y después dejarlo en sus manos y esperar que haga lo que *Él* quiera.

El rey David, un hombre conforme al corazón de Dios, batallaba con sus propias oraciones sin respuestas. Se preguntaba cuánto tiempo estaría afligido porque parecía que Dios no lo escuchaba. Al final, decidió confiar en la misericordia de Dios y alabarlo por todas las cosas buenas que había hecho por él (Salmo 13). Nosotros, también, tenemos que confiar en la misericordia de Dios y alabarlo por todas las cosas buenas que ha hecho en nuestras vidas.

Enojarse con Dios por no responder tus oraciones no es una buena manera de vivir. Es como ponerle tablas a la puerta de una tienda de comestibles en medio de una hambruna. Es como morder la mano que te alimenta. Es como darle la espalda a la única posibilidad que tienes de experimentar un milagro. Sería mejor ir ante el Señor y alabarlo como el Dios todopoderoso del universo, omnipotente y omnisciente que suple todas tus necesidades.

Mientras adoras a Dios, creces en la confianza de que Él es mayor que cualquier cosa por la que estés orando. Esto te ayuda a confiar en que Él sabe lo que necesitas y que responderá tus oraciones *a su manera y a su tiempo*. La confianza en Él abre tus ojos para ver que hasta cuando las cosas por las que estás orando parecen irremediables y terribles, Dios tiene el poder para cambiarlo todo. Tendrás la fortaleza para seguir orando y para no dejar de hacerlo demasiado pronto.

Orar es mostrarle tu corazón a Dios y decirle todo. No es que Él no sepa ya todas estas cosas. Las sabe. Es que quiere escucharlas *de tu boca*. Por eso es que quiere que dependas de Él. De manera soberana, ha establecido que *tú* ores y, luego, *Él* se mueve como respuesta a tus oraciones. Dios quiere que tengas una vida de libertad, plenitud y verdadero éxito, pero nada de eso puede suceder si no estás orando.

❦ EL PODER DE LA ORACIÓN ❦

Querido Señor:

Enséñame a orar. Ayúdame a orar no solamente por *mis* necesidades, sino por las de otros. Enséñame a orar por todo.

Clamo a ti y declaro mis problemas ante ti (Salmo 142:1-2). Permite que ore «sin cesar» (1 Tesalonicenses 5:17). Ayúdame a traer a tus pies las cosas por las que oro y a dejarlas en tus manos. Enséñame a confiar en ti tanto que no tenga ideas preconcebidas de la manera en que deben responderse mis oraciones. Sé que mi trabajo es orar y el tuyo responder. Ayúdame a hacer mi trabajo y a dejar que tú hagas el tuyo.

Ayúdame a confiar en que tú responderás a tu manera y a tu tiempo. Confieso cualquier ocasión en que haya hecho demandas esperando que respondas mis oraciones de la manera en que yo quería que lo hicieras. Sé que tu voluntad y tus juicios son perfectos, por lo que te alabaré por encima de todas las cosas, hasta de mis propios deseos y expectativas. Tú eres mi reposo y la roca sólida en la que estoy apoyado. Nada me estremecerá, ni siquiera las oraciones que aparentemente no se han respondido. Cuando no pueda ver las respuestas a mis oraciones, abre mis ojos para que vea las cosas desde tu perspectiva. «Alzaré mis ojos a los montes; ¿de dónde vendrá mi socorro? Mi socorro viene de Jehová, que hizo los cielos y la tierra» (Salmo 121:1-2).

Señor, estoy agradecido porque tú, que eres el Dios omnipotente y omnipresente del universo, también eres mi Padre celestial que me ama de manera incondicional y nunca me abandonará. Gracias por escuchar y responder mis oraciones.

Todo esto te lo pido en el nombre de Jesús.

❧ El poder de la Palabra ❧

Porque los ojos del Señor están sobre los justos,
y sus oídos atentos a sus oraciones; pero el rostro
del Señor está contra aquellos que hacen el mal.
1 Pedro 3:12

Con mi voz clamaré a Jehová;
con mi voz pediré a Jehová misericordia.
Delante de él expondré mi queja;
delante de él manifestaré mi angustia.
Salmo 142:1-2

Respondiendo Jesús, les dijo: De cierto os digo,
que si tuviereis fe, y no dudareis, no sólo
haréis esto de la higuera, sino que si
a este monte dijereis: Quítate y échate
en el mar, será hecho.

MATEO 21:21

Perseverad en la oración, velando en
ella con acción de gracias.

COLOSENSES 4:2

Pero clamaron a Jehová en su angustia,
y los libró de sus aflicciones.

SALMO 107:19

～ 7 ～

Vive en la libertad que Dios tiene para ti

~~~~~~~~~~

Encontrar la libertad que Dios tiene para ti significa separarte de cualquier cosa que te aparte de Dios. Significa liberarte de lo que te limita para llegar a ser lo que Él quiere que seas. También significa liberarte de cualquier cosa que impida que te muevas hacia todo lo que Dios tiene planificado para tu vida.

Vivir en libertad implica recibir liberación de cosas como la ansiedad, el temor, las adicciones, la depresión, el comportamiento obsesivo, las malas actitudes y de las trampas y las consecuencias del pecado. Todos estamos caminando en un sendero angosto, a lo largo del cual hay trampas peligrosas en las que podemos caer. Nos podrán engañar y nos podremos apartar de la senda al creer las mentiras que el enemigo nos lanza en el camino y terminar viviendo con cosas de las que Dios quiere que seamos libres. En ciertas ocasiones, hemos vivido por mucho tiempo con ciertos hábitos, pensamientos y sentimientos que aceptamos como *nuestros*. Pensamos: *Así soy yo* o *Así es la vida*. No nos damos cuenta de que esas son cosas de las que podemos liberarnos.

Dios quiere transformarnos desde dentro. Por eso es que Jesús vino como el Libertador. Él no vino como el *precursor* de un libertador. Vino como el que *maldice* el mal, del cual quiere liberar a todo el que lo recibe como Salvador.

¿Qué es la liberación?

La liberación es liberarse de cualquier cosa que te controle, aparte de Dios. Si algo en tu vida tiene control sobre ti, como el trastorno alimenticio, las adicciones de cualquier clase, el comportamiento compulsivo, el temor o las emociones negativas controladoras, necesitas liberarte de eso porque está dificultando todo lo que Dios quiere hacer en ti. (Más acerca de esto en el capítulo 19: «Rechaza las emociones negativas»).

La liberación te desata para que llegues a ser quien eres en realidad, no te transforma en otra persona. Cuando recibes liberación del Señor, no dirás: «Ya no sé quién soy». Dirás: «Ahora sé la persona que soy en realidad». No te perderás; te *encontrarás*. Y te gustará lo que verás. Lo que Dios quiso que fueras es bueno, porque desea que llegues a ser más semejante a Él y *Él* es bueno.

La liberación nos pone en libertad de cualquier cosa negativa de nuestro pasado que todavía influye en nuestra vida. Si tienes algún recuerdo del pasado que tiene un efecto negativo en tu vida ahora, debes liberarte de él. Hasta una palabra cruel o insensible que te dijeron ayer y que te hace sentir mal hoy significa que necesitas liberarte de ella. Dios quiere liberarte de cualquier cosa que te impide moverte hacia todo lo que Él tiene para ti.

La liberación fue una parte habitual del ministerio de Jesús. Cuando Jesús dijo: «Si puedes creer, al que cree todo le es posible», estaba hablando de manera específica de la liberación de los espíritus malos (Marcos 9:23). Sin embargo, la liberación no se limita a eso. A menudo necesitamos que se nos libere de nuestros propios hábitos malos de pensamiento y acción. Si no hubiera necesidad de liberación, ¿por qué habría venido Jesús como el Libertador? ¿Y por qué liberó a tanta gente y les dijo a otros que serían capaces de hacer lo mismo o incluso cosas mayores?

La liberación sucede de muchas maneras. Puedes encontrar liberación y libertad en la oración. También puedes encontrarla en la presencia de Dios cuando estás en adoración. La liberación puede ocurrir cuando estás leyendo la Palabra de Dios y Él abre tus ojos para que veas su verdad acerca de tu condición. Puede ocurrir cuando alguien ora por ti. También puede manifestarse durante o después de un tiempo de ayuno y oración.

Yo encontré liberación de la depresión y la ansiedad después de ayunar por tres días y que otros oraran por mí. He encontrado libertad del temor después de leer la Palabra de Dios cada vez que sentía miedo. He encontrado libertad de patrones de pensamiento obsesivo, emociones negativas y de una mala actitud cuando estaba en un tiempo de adoración y alabanza. Mientras ayunaba y oraba, he recibido liberación de malos hábitos alimenticios que involucraban preocupación con alimentos específicos, como el azúcar, que es como un veneno para mí. Me he liberado de la tentación, que sabía que era una trampa del enemigo para destruirme, al ir a mi armario de oración y postrarme en el piso ante el Señor y de orar para que Él rompiera ese encargo del infierno.

Con el paso de los años, he recibido tantas veces liberación de la falta de perdón que no puedo comenzar a contarlas. Dios siempre nos quiere libres de ese proceso de pensamiento debilitante. A menos que vivamos como reclusos y no tengamos interacción con nadie más, de vez en cuando habrá alguien a quien tengamos que perdonar por algo. En el momento que detectes la falta de perdón en tu corazón, entiende que Dios está esperando liberarte de eso.

¿Cómo encontramos libertad?

Es importante recordar que aunque no optamos de manera específica por el camino del enemigo, aún podemos terminar en ese camino si de forma deliberada e intencional no optamos por la voluntad de Dios.

Por esa razón, para encontrar libertad debes decidir confesar cada pecado, orar por cada tentación y rechazarla, llevarle a Dios las preocupaciones *antes* de que se salgan de control y pedirle a Dios que te libere de cualquier fortaleza que el enemigo esté tratando de edificar en tu vida. Pídele a Dios que te limpie con el flujo de su Espíritu a fin de que no haya nada en tu mente ni en tu alma que esté contaminando. Pídele que te ayude a quedarte en su perfecta voluntad en todo lo que hagas.

Muy a menudo estamos viviendo con cosas que no deberíamos vivir. Cuando tienes ira que es difícil de controlar o hábitos malos que no puedes romper, o no puedes dejar de pensar en algo negativo que sucedió o en algo que temes que *podría* ocurrir, tienes que buscar al Señor y pedirle que te libere. Si no puedes perdonar a alguien, te sientes distante de Dios, no puedes tomar decisiones o te es demasiado difícil hacer cosas constructivas, necesitas liberación. No vivas en esas condiciones, porque Jesús pagó para que te liberes de ellas. Decide hacer lo que sea necesario para recibir liberación.

Decide obedecer las leyes de Dios

Puedes llegar a tener la carga de esclavitud si a cada momento te permites desobedecer a Dios. La decisión de vivir como Dios quiere puede liberarte.

Decide tener un corazón limpio

En tiempos de gran decepción, tragedia o trauma, cuando las emociones negativas como la ira, el temor, el odio o la falta de perdón se quedan sin confesar, tu corazón puede estar atado a emociones que no son la voluntad de Dios para tu vida. Entrégaselo todo a Dios y pídele que te libere de eso.

Decide clamar al Señor por libertad

Dios siempre está esperando que vayamos a Él para poder ser libres de cualquier cosa que esté impidiendo que seamos más semejantes a Él. A los hijos de Israel que estaban en esclavitud en Egipto, Dios les dijo que había visto su opresión, que había oído su clamor y que conocía sus angustias, por lo que llegó a liberarlos (Éxodo 3:7-8). Él hará lo mismo por ti.

Decide alabar a Dios por lo que Él es y lo que ha hecho

Una de las maneras en que podemos encontrar libertad y liberación es adorando al Señor en medio de nuestro encarcelamiento. Cuando el apóstol Pablo estaba preso, no refunfuñó ni se quejó. En lugar de eso, oró y alabó a Dios. «Pero a medianoche, orando Pablo y Silas, cantaban himnos a Dios; y los presos los oían. Entonces sobrevino de repente un gran terremoto, de tal manera que los cimientos de la cárcel se sacudían; y al instante se abrieron todas las puertas, y las cadenas de todos se soltaron» (Hechos 16:25-26). La alabanza abrió las puertas de la prisión y rompió las cadenas que ataban a los prisioneros. La adoración hará eso por ti ahora. La adoración invita a la presencia de Dios, y en su presencia siempre encontrarás libertad.

Decide tener la fe que derriba fortalezas

Tener fe en Dios y en su Palabra es lo bastante poderoso como para derribar las fortalezas de tu vida. «Clamaron a ti, y fueron librados; confiaron en ti, y no fueron avergonzados» (Salmo 22:5). Puedes ser libre con solo mantener la fe en la Palabra de Dios.

Si tienes algo en tu vida de lo que te gustaría liberarte, recuerda que el poder de Dios, el poder del Espíritu Santo en ti, es mayor que cualquier cosa que estés enfrentando. «Mayor es el que está en vosotros, que el que está en el mundo» (1 Juan 4:4). El poder de Dios es mucho mayor que el poder del enemigo. Habla con lo que estás luchando y dile: «Esto no me controlará porque Dios tiene el control de mi vida y me someto y me rindo a Él».

No te desanimes si sientes que nunca vas a liberarte por completo de algo. La libertad a menudo es un proceso. Podría haber muchas capas que penetrar. Ya sea un nivel nuevo de libertad que necesites, o libertad de algo antiguo que resurge, la Biblia dice que Dios seguirá liberándote y obrando en tu vida, siempre y cuando tu corazón esté abierto a Él (2 Corintios 1:10).

Él no se dará por vencido contigo, por lo que tú tampoco deberías hacerlo.

⊷ EL PODER DE LA ORACIÓN ⊶

Señor:

Gracias porque tú eres «fortaleza mía y mi libertador, escudo mío, en quien he confiado» (Salmo 144:2). Gracias «porque has librado mi alma de la muerte, y mis pies de caída» (Salmo 56:13).

Señor, muéstrame cualquier cosa de la que necesite liberarme. Revélame lo que no pueda ver. No quiero estar viviendo con algo que tú ya pagaste el precio para que yo reciba la libertad. Te pido que me liberes «de toda obra mala» y me preserves para tu reino celestial (2 Timoteo 4:18). Sácame «de casa de servidumbre» (Éxodo 20:2). «Oh Dios, no te alejes de mí; Dios mío, acude pronto en mi socorro» (Salmo 71:12). «Mi ayuda y mi libertador *eres* tú; Dios mío, no te tardes» (Salmo 40.17, énfasis añadido).

Veo que las fuerzas que se elevan en contra de tus creyentes son poderosas, pero sé que tú eres mucho más poderoso que ellas. Clamo a ti para que me liberes del enemigo que trata de ponernos en esclavitud. Te doy gracias porque responderás dándonos liberación (Salmo 118:5). Gracias porque nunca nos abandonarás, sino que continuarás liberándonos (2 Corintios 1:9-10).

Gracias, Señor, porque me librarás de todo mal y estarás conmigo en los problemas. A ti sea la gloria por siempre y para siempre.

Todo esto te lo pido en el nombre de Jesús.

⋙ EL PODER DE LA PALABRA ⋘

Tú eres mi refugio; me guardarás de la angustia;
con cánticos de liberación me rodearás.
SALMO 32:7

Estad, pues, firmes en la libertad con que
Cristo nos hizo libres, y no estéis otra vez
sujetos al yugo de esclavitud.
GÁLATAS 5:1

Claman los justos, y Jehová oye, y los libra
de todas sus angustias.
SALMO 34:17

Pero tuvimos en nosotros mismos sentencia de muerte,
para que no confiásemos en nosotros mismos, sino en Dios
que resucita a los muertos; el cual nos libró, y nos libra, y en
quien esperamos que aún nos librará, de tan gran muerte.
2 CORINTIOS 1:9-10

Me invocará, y yo le responderé;
con él estaré yo en la angustia; lo libraré
y le glorificaré. Lo saciaré de larga vida,
y le mostraré mi salvación.

Salmo 91:15-16

⁓ 8 ⁓

Busca el reino de Dios y sus dones

———

Un reino es un lugar donde gobierna un rey. El reino de Dios está donde gobierna el Rey Jesús.

El reino de Dios está donde la vida gobierna la muerte, donde el reino de la luz gobierna el reino de la oscuridad, donde el gobierno de Dios derroca los poderes satánicos de enfermedad y destrucción.

Cuando Jesús fue crucificado y resucitó, destruyó todo el poder del infierno y trajo el reino de Dios a la tierra. Así que ahora no solo tenemos vida con Él por la eternidad, sino más vida en *esta* vida. Dondequiera que esté establecido el reino de Dios, el enemigo no puede tenernos como rehenes.

Cuando Juan el Bautista dijo: «Arrepentíos, porque el reino de los cielos se ha acercado», se refería a Jesús, el Rey de todo, quien había venido a la tierra a derrocar las fuerzas del infierno y a derrotar el poder del mal (Mateo 3:2). Jesús era el muy esperado Mesías, el Libertador y el Salvador que vino a darle esperanza, poder y vida eterna a cualquiera que lo recibiera. El reino del cielo estaba cerca porque el Rey estaba allí.

Jesús dijo: «El reino de Dios está entre vosotros» (Lucas 17:21). Es un reino espiritual. Jesús dijo que su reino no era de este mundo (Juan 18:36). Viene de Dios, que está en el cielo. También dijo: «Es más fácil pasar un camello por el ojo de una aguja, que entrar un rico en el reino de Dios» (Mateo 19:24). Eso significa que no es posible confiar en la riqueza material de este mundo en lugar de confiar en Dios y, aun así, esperar entrar al reino de Dios. Jesús es el Rey del reino de Dios. El enemigo gobierna en el mundo material del dinero y del materialismo.

Al enseñarles a sus discípulos el Padrenuestro, una de las cosas que Jesús dijo que se pidiera es: «*Venga tu reino*. Hágase tu voluntad, como en el cielo, así también en la tierra» (Mateo 6:10, énfasis añadido). Cuando se ora «Venga tu reino», le estamos pidiendo a Dios que establezca su gobierno dentro de nosotros para que estemos sometidos por completo a Él. También le estamos pidiendo que establezca su reino donde estamos. Es lógico, entonces, que la voluntad de Dios se hará en la tierra de la misma manera que se hace por encima de toda duda en el cielo.

El reino de Dios gobierna en cualquier parte que nosotros, los que creemos en Jesús, declaramos su gobierno. Jesús dijo que el mayor en el reino de los cielos es alguien que es humilde (Mateo 18:1-4). (El reino de Dios y el reino de los cielos puede usarse de forma intercambiable). Eso significa que tenemos que estar a la espera, dispuestos a ser enseñados, libres de arrogancia y sometidos a la voluntad de Dios. Jesús dijo: «Les aseguro que el que no reciba el reino de Dios como un niño, de ninguna manera entrará en él» (Marcos 10:15, NVI).

La búsqueda del reino de Dios significa que tenemos que llegar ante Dios con humildad, sabiendo que no podemos vivir sin Él y declarar que dependemos de Él para todo. La Biblia dice que Dios «da gracia a los humildes» (Santiago 4:6). Jesús dijo: «Bienaventurados los pobres en espíritu, porque de ellos es el reino de los cielos» (Mateo 5:3). Isaías dijo: «Él da esfuerzo al cansado, y multiplica las fuerzas al que no tiene ningunas» (Isaías

40:29). El requisito de una dependencia humilde en Dios aparece una y otra vez.

El orgullo es el peor pecado porque lleva a la rebelión en contra de Dios. El orgullo hizo que Satanás se levantara y se rebelara en contra de Dios, lo cual llevó a su caída. Cualquiera que llega a ser orgulloso cree que puede manejar su vida sin Dios. Los que son humildes, por otro lado, reconocen que todo lo que necesitan en la vida viene del Señor. Solo los que *saben* que necesitan al Señor experimentarán el reino de Dios. Jesús dijo que para ser grande en el reino de Dios tienes que servir a los demás (Lucas 22:26). Eso también requiere de humildad.

El reino de Dios es donde se encuentran los dones de Dios

En el reino de Dios hay muchos dones. La Biblia dice que toda buena dádiva viene de nuestro Padre celestial (Santiago 1:17). Para recibir estos dones, tenemos que buscar primero a Dios y su Reino. Tenemos que entender cuáles son los dones de Dios y estar dispuestos para recibirlos. Dios quiere que valoremos sus dones lo suficiente como para buscarlo a Él a fin de obtenerlos. Jesús dijo: «Pues si vosotros, siendo malos, sabéis dar buenas dádivas a vuestros hijos, ¿cuánto más vuestro Padre que está en los cielos dará buenas cosas a los que le pidan?» (Mateo 7:11).

Dios tiene muchos dones, como el don de la salvación, del Espíritu Santo, de su poder, de la paz y de una mente sana, los cuales se analizan en otros capítulos. Dos de los dones más importantes que muy a menudo olvidamos son el *amor* y la *gracia* de Dios. Estos son dones que, en especial, debemos recordar que hay que aceptarlos cada día. Sin ellos, la vida no marcha bien.

El don del amor de Dios

Uno de los mayores dones de Dios es su amor. No podemos sobrevivir de manera próspera sin el mismo.

Lo que me acercó al Señor al principio fue el amor de Dios que percibí en los cristianos que conocía. Cuando supe que Dios nos amaba incluso antes de que lo conociéramos, mi corazón quedó encantado. Cuando me di cuenta de que Él nos acepta como somos, pero que nos ama demasiado como para dejarnos así, me convencí. La Biblia dice: «Muchas son las calamidades de los malvados, pero el gran amor del Señor envuelve a los que en él confían» (Salmo 32:10, nvi).

El amor de Dios no es solo un sentimiento o una emoción. Es el Espíritu de Dios en nosotros. Cuando recibimos a Jesús, recibimos el amor de Dios y nada puede cambiar eso. La Biblia dice que nada «nos podrá separar del amor de Dios, que es en Cristo Jesús Señor nuestro» (Romanos 8:39). Mientras más invitas a Dios a derramar su amor en tu corazón, más fluirá su amor a través de ti en dimensiones mayores y fluirá hacia otros.

El don de la gracia de Dios

No podemos recibir al Señor sin que se nos extienda el regalo de la gracia de Dios (Efesios 2:8). La gracia es cuando Dios no nos da el castigo que merecemos, sino que, en lugar de eso, nos da las cosas buenas que *no* merecemos. Cuando sabemos que no tenemos algo y no podemos obtenerlo por nosotros mismos y Dios sí nos lo da, eso es su gracia.

Dios «a los humildes dará gracia» (Proverbios 3:34). Eso significa que las cosas buenas que nos ocurren no dependen de nuestros esfuerzos, sino de que recibamos con humildad la misericordia y la gracia de Dios (Romanos 9:16). Gracia es cuando Dios toma nuestra debilidad y manifiesta su fortaleza en nosotros (2 Corintios 12:9). De esa manera, su gracia es suficiente para nosotros. Él lo hace, nosotros no.

Jesús dijo que no nos preocupáramos por nada porque Dios sabe lo que necesitamos. Sin embargo, no dijo: «No oren por eso». Dijo que *buscáramos primero el reino de Dios*, que es el gobierno de Dios en tu vida, y que también *buscáramos sus tesoros*. «No os afanéis, pues, diciendo: ¿Qué comeremos, o qué beberemos, o qué vestiremos? Porque los gentiles buscan todas estas cosas; pero vuestro Padre celestial sabe que tenéis necesidad de todas estas cosas. Mas buscad primeramente el reino de Dios y su justicia, y todas estas cosas os serán añadidas. Así que, no os afanéis por el día de mañana, porque el día de mañana traerá su afán. Basta a cada día su propio mal» (Mateo 6:31-34).

Si queremos vivir en libertad, plenitud y con verdadero éxito (que significa tener todo lo que necesitamos), debemos buscar el reino de Dios en nuestras vidas por encima de todo lo demás.

◈ EL PODER DE LA ORACIÓN ◈

Señor:

Vengo con humildad ante ti y busco tu reino y tu dominio en mi corazón y mi vida por encima de todo. Que tu reino se establezca en cualquier parte que vaya y en lo que haga. Hazme una vasija pura para que tu poder salga y proclame el gobierno del Rey Jesús, donde me hayas dado influencia para que lo haga.

Gracias, Señor, por los muchos dones que me has dado. Gracias por tus dones de salvación, justificación, justicia, vida eterna y gracia. Gracias por tus dones de amor, paz y gozo. Gracias porque todos estos nunca fallarán en mi vida porque tú eres mi Padre eterno y jamás me *fallarás*. Tu amor infalible es un gran consuelo para mí (Salmo 119:76, NVI). Gracias porque nada puede separarme de tu amor (Romanos 8:35-39).

Gracias por tu gracia que me da mucho más de lo que merezco. Gracias, Jesús, por llevar las consecuencias de mi pecado. Gracias por darme la mente de Cristo y tu sabiduría y conocimiento de la verdad. Te pido que me enseñes todos los «misterios del reino de los cielos» (Mateo 13:11).

Ayúdame a buscar tu reino todos los días y a vivir en los dones que me has dado. «Porque tuyo es el reino, y el poder, y la gloria, por todos los siglos» (Mateo 6:13).

Todo esto te lo pido en el nombre de Jesús.

✒ EL PODER DE LA PALABRA ✒

Respondió Jesús y le dijo: De cierto, de cierto
te digo, que el que no naciere de nuevo,
no puede ver el reino de Dios.
JUAN 3:3

No temáis, manada pequeña, porque a vuestro
Padre le ha placido daros el reino.
LUCAS 12:32

Pero a cada uno de nosotros fue dada la gracia
conforme a la medida del don de Cristo.
EFESIOS 4:7

Y nosotros no hemos recibido el espíritu del
mundo, sino el Espíritu que proviene de Dios,
para que sepamos lo que Dios nos ha concedido.
1 CORINTIOS 2:12

Y manifiestas son las obras de la carne, que son:
adulterio, fornicación, inmundicia, lascivia,
idolatría, hechicerías, enemistades, pleitos,

celos, iras, contiendas, disensiones, herejías, envidias,
homicidios, borracheras, orgías, y cosas
semejantes a éstas; acerca de las cuales
os amonesto, como ya os lo he dicho
antes, que los que practican tales cosas
no heredarán el reino de Dios.

GÁLATAS 5:19-21

9

MANTÉN UN CORAZÓN RECTO

Todos somos propensos a tener problemas del corazón. Me refiero aquí a nuestro corazón espiritual, pero creo que nuestro corazón físico se ve afectado por nuestro corazón espiritual más de lo que imaginamos. Todos podemos recordar las veces en que el estado de nuestro corazón, ya sea bueno o malo, afectó la manera en que nos sentíamos en nuestro cuerpo. ¿Cuántos de nosotros hemos llegado a estar físicamente enfermos porque hemos estado desconsolados? ¿Cuántos de nosotros tenemos un cuerpo que deja de funcionar bien, una que otra vez, porque nuestro corazón estaba quebrantado de alguna manera?

Nuestro corazón se quebranta cuando alguien nos decepciona, es malo con nosotros, dice cosas que nos lastiman o nos abandona, ya sea por la muerte o por su propia decisión de irse. Nuestro corazón puede contaminarse por las cosas que vemos, leemos u observamos. Nuestro corazón se ve afectado de forma negativa cuando comprometemos los caminos de Dios en nuestras decisiones de estilo de vida.

Nuestra mente se puede manchar con solo vivir en este mundo y dejar que este influya en nosotros. ¿Cuántas veces nos impacta el oír vulgaridades en un programa de televisión o en una película que se supone que es «orientada a la familia»? Hace poco presencié los avances de una película para niños que usaba el nombre del Señor en vano muchas veces. ¿Y por qué razón? Para ganar más dinero. Estoy segura. Sin embargo, algo así contamina las mentes pequeñas y allana el camino para que los corazones jóvenes se endurezcan a las cosas de Dios.

No me sujetaré a eso porque no quiero que se endurezca mi corazón, ni que se contamine mi mente, ni que se entristezca el Espíritu Santo dentro de mí. Sí, soy adulta y puedo discernir entre el bien y el mal. Y justo por eso es que tomo una decisión adulta de separarme de todo lo que no glorifique al Señor. Hay un precio que pagar cuando *no* hacemos eso, y sea algo que no valga la pena.

No podemos esperar que Dios haga que nuestra vida marche bien cuando estamos haciendo cosas que entorpecen su obra en nuestras vidas.

La vida funciona de mejor manera cuando el clamor continuo de nuestro corazón es como el del rey David cuando dijo: «Examíname, oh Dios, y conoce mi corazón; pruébame y conoce mis pensamientos; y ve si hay en mí camino de perversidad, y guíame en el camino eterno» (Salmo 139:23-24). David quería que Dios descubriera cualquier cosa en su corazón y en su mente que fuera impía. Deseaba vivir como Dios quiere y sabía que tener un corazón recto era la clave para eso.

David también oró: «Crea en mí, oh Dios, un corazón limpio, y renueva un espíritu recto dentro de mí» (Salmo 51:10). El temor principal de David, que también es mi preocupación, se encuentra en el siguiente versículo. «No me eches de delante de ti, y no quites de mí tu santo Espíritu» (Salmo 51:11). David quería una limpieza y una renovación de su corazón porque no quería experimentar la salida del Espíritu Santo de su vida. Había visto lo que le sucedió al rey Saúl, que fue rey antes de David, por las cosas pecaminosas que hizo. David también había hecho cosas terribles y su vida se desmoronó. Sin embargo, a diferencia de Saúl, David se arrepintió de todo y buscó poner su corazón en orden con Dios otra vez.

Debido a que Jesús vino y dio su Espíritu Santo a los que le reciben, el Espíritu Santo no nos abandona, a menos que lo rechacemos de manera deliberada. Sin embargo, podemos perder algo de la plenitud de la presencia del Espíritu Santo en nuestras vidas si abrigamos suciedad en nuestros corazones. Sé que el Espíritu Santo no me dejará porque yo nunca lo dejaré, pero no quiero hacer nada que impida que la presencia del Espíritu Santo se manifieste por completo en mi vida.

Dios quiere que tu corazón sea suave y no duro. Él quiere que tengas un corazón humilde y no lleno de orgullo (Proverbios 21:2). Él desea que tengas un corazón puro para que puedas verlo a Él y su bondad en tu vida (Salmo 73:1). Dios te dio un corazón nuevo y puso un espíritu nuevo dentro de ti cuando recibiste a Jesús (Ezequiel 36:26). Ahora quiere afirmar tu corazón «irreprensible en santidad» ante Él (1 Tesalonicenses 3:13).

¿Qué puedo hacer para mantener un corazón recto?

En primer lugar, tienes que darte cuenta de que no puedes esconder ni un pensamiento de Dios. «¿Se ocultará alguno, dice Jehová, en escondrijos que yo no lo vea? ¿No lleno yo, dice Jehová, el cielo y la tierra?» (Jeremías 23:24). Dios ve y lo sabe todo.

En segundo lugar, tienes que saber que no puedes hacer que tu corazón sea tan puro y esté tan limpio como lo quiere Dios. «¿Quién podrá decir: Yo he limpiado mi corazón, limpio estoy de mi pecado?» (Proverbios 20:9). Debes pedirle a Dios que te dé un corazón limpio y que te muestre los pasos que debes dar. La Biblia dice que «del hombre son las disposiciones del corazón» (Proverbios 16:1). Sin embargo, ¿cómo preparas tu corazón? A continuación hay algunas sugerencias prácticas que te ayudarán a hacerlo.

Pídele a Dios que te revele el estado de tu corazón

Dios sabe, y está dispuesto a revelarte, lo que en verdad está pasando en tu corazón. Cuando le pidas que lo haga, Él lo hará (1 Corintios 4:5). Pídele al Señor que te revele cualquier orgullo que puedas tener. No vas a querer experimentar los problemas que se dan con el orgullo (Proverbios 13:10). Allí es donde empiezan muchos de nuestros problemas serios.

Permanece en la Palabra de Dios

Se dice que la Palabra de Dios es «viva», «eficaz», «más cortante que toda espada de dos filos» y que «discierne los pensamientos y las intenciones del corazón» (Hebreos 4:12). Eso significa que a medida que leas la Biblia, se revelará lo que hay en tu corazón revelado. Dios quiere un «corazón contrito y humillado» (Salmo 51:17). Él no quiere que endurezcamos de ninguna manera nuestros corazones en su contra.

Endurecemos nuestro corazón cuando nos negamos a escuchar lo que Dios nos está diciendo en nuestro tiempo a solas con Él, en oración y en su Palabra (Hebreos 4:7). Endurecemos nuestro corazón cuando vemos con claridad en su Palabra lo que deberíamos hacer y, luego, no lo hacemos. «El hombre que reprendido endurece la cerviz, de repente será quebrantado, y no habrá para él medicina» (Proverbios 29:1).

Nuestro corazón está duro cuando nos resistimos a la Palabra de Dios de alguna manera. Jesús acababa de hacer un milagro delante de sus discípulos al tomar cinco panes y dos pescados para alimentar a cinco mil personas. Aun así, los discípulos no podían comprender su poder hacia ellos para sus propias necesidades. Se dice de los discípulos que «aún no habían entendido lo de los panes, por cuanto estaban endurecidos sus corazones» (Marcos 6:52).

Si los discípulos, que estuvieron *con* Jesús todos los días y presenciaron sus muchos milagros, tenían corazones endurecidos, ¿cuánto más *nosotros* podríamos tener también un corazón endurecido? Pídele a Dios que suavice tu corazón cada vez que leas su Palabra.

Deshazte de todo el pecado de tu vida

El pecado es engañador. El pecado te dice que está bien lo que estás haciendo. El pecado te dice: «No es tan malo y, después de todo, todos los demás lo hacen». Te dice: «Es tu vida y tú puedes hacer lo que quieras». El pecado en tu vida revela dónde está tu lealtad. Dios busca a los fieles «para mostrar su poder a favor de los que tienen corazón perfecto para con él» (2 Crónicas 16:9).

No permitas que llegues a estar endurecido «por el engaño del pecado» (Hebreos 3:13). Si permites que algún pecado resida en tu corazón, Dios no escuchará tus oraciones (Salmo 66:18). El pecado te quitará el gozo (Salmo 51). Llegará a ser como un cáncer que crece en silencio hasta que un día se descubre y el daño está hecho.

Guarda tu corazón con toda diligencia

Tu corazón no es confiable. Por eso es que debes cuidarlo muy de cerca (Proverbios 4:23). No puedes dar por sentado que nada malo jamás encontrará un lugar donde residir allí. Haz un esfuerzo especial de llenar tu corazón con un buen tesoro. «El hombre bueno, del buen tesoro del corazón saca buenas cosas; y el hombre malo, del mal tesoro saca malas cosas» (Mateo 12:35).

Aparte de llenar tu corazón con la Palabra de Dios, como lo mencioné antes, llena tu corazón también de adoración y alabanza, y encontrarás un buen tesoro allí. David dijo: «A ti cantaré yo, oh Jehová. Entenderé el camino de la perfección [...] En la integridad de mi corazón andaré en medio de mi casa» (Salmo 101:1-2).

Continúa diciendo algo más que es clave para mantener un corazón recto. «No pondré delante de mis ojos cosa injusta. Aborrezco la obra de los que se desvían; ninguno de ellos se acercará a mí. Corazón perverso se apartará de mí; no conoceré al malvado» (Salmo 101:3-4). En otras palabras, David no permitía que sus ojos vieran el mal, no toleraba las violaciones de las leyes de Dios, no consentía que nada perverso residiera en su corazón y rechazaba toda la maldad.

Esta es una lección para todos los que queremos mantener un corazón recto ante Dios.

◦◦◦ EL PODER DE LA ORACIÓN ◦◦◦

Señor:

Crea en mí un corazón recto. Libérame de cualquier cosa que no sea de ti. Limpia mi corazón de todo pecado y dirígeme en tus caminos (Salmo 119:36). Ayúdame a guardar tu Palabra en mi corazón para no pecar contra ti (Salmo 119:11).

Mantenme siempre con temor de tu Palabra (Salmo 119:161). No quiero que ningún pecado en mi corazón entorpezca mis oraciones a ti (Salmo 66:18). Guárdame del engaño (Deuteronomio 11:16). Ayúdame a no confiar tontamente en mi corazón, sino que confíe en que me revelarás la verdad que necesito ver (Proverbios 28:26). Dame un corazón sabio de modo que pueda recibir todos tus mandamientos (Proverbios 10:8).

Espíritu Santo, alinea mi corazón con el tuyo. Quita de mi corazón todo lo oscuro y malo y sustitúyelo con más de ti. Examina mi corazón y haz cambios donde sea necesario. Suaviza mi corazón donde se haya endurecido. Purifica mi corazón donde esté contaminado. Ayúdame a no ofrecerles a mis ojos nada malo.

Señor, te pido que quites de mi corazón lo que me impide ser un participante pleno de tu santidad (Hebreos 12:10). Ayúdame a alabarte con todo mi corazón, para que no te niegue nada (Salmo 9:1). Enséñame a mantener siempre un corazón recto ante ti. Todo esto te lo pido en el nombre de Jesús.

☙ EL PODER DE LA PALABRA ❧

Bienaventurados los de limpio corazón,
porque ellos verán a Dios.
MATEO 5:8

Si en mi corazón hubiese yo mirado
a la iniquidad, el Señor no
me habría escuchado.
SALMO 66:18

Guardaos, pues, que vuestro corazón no
se infatúe, y os apartéis y sirváis a
dioses ajenos, y os inclinéis a ellos.
DEUTERONOMIO 11:16

El que confía en su propio corazón es necio;
mas el que camina en sabiduría será librado.
PROVERBIOS 28:26

Sobre toda cosa guardada, guarda tu corazón;
porque de él mana la vida.
PROVERBIOS 4:23

10

ACÉRCATE AL PERDÓN... DE DIOS Y EL TUYO

~∿∿∿~

Afin de disfrutar la libertad, la plenitud y el éxito verdadero que Dios tiene para ti, el perdón tiene que fluir como un líquido en tu corazón. Si abrigas falta de perdón, el flujo del Espíritu se detiene en ti. Hasta puede evitar que tus oraciones reciban respuestas (Salmo 66:18).

Se supone que tenemos que cambiar nuestra falta de perdón por perdón, *antes* de orar siquiera. Jesús dijo: «Y cuando estéis orando, perdonad, si tenéis algo contra alguno, para que también vuestro Padre que está en los cielos os perdone a vosotros vuestras ofensas» (Marcos 11:25). Dios retendrá su perdón a nosotros siempre y cuando nosotros retengamos el perdón a cualquier otra persona.

Este es un asunto serio.

Si no perdonamos, no solo tendremos falta de perdón en nosotros, que corroe nuestra mente y cuerpo, sino que no disfrutaremos del perdón total de Dios, que en sí será una gran tensión para nuestra conciencia. Perderemos toda la paz. No vale la pena aferrarse a unos cuantos momentos de venganza interna.

Si no perdonamos, los únicos damnificados somos nosotros mismos. Lo he dicho antes, pero vale la pena repetirlo aquí: *El perdón no corrige a la otra persona, te libera.* Y para tener plenitud y verdadero éxito, tenemos que ser libres. El perdón nos permite seguir adelante con nuestra vida.

Recibe el perdón de Dios

Una de las mejores maneras para llegar a ser una persona perdonadora es que entiendas y recibas el perdón de Dios. El perdón es lo que Dios ha decidido darte y Él quiere que decidas dárselo a otros. Jesús dijo: «Perdonad, y seréis perdonados» (Lucas 6:37). No puede ser más claro que eso.

No te confundas en cuanto al perdón de Dios. Cuando recibes a Jesús, todos tus pecados pasados son perdonados. La pizarra queda limpia. La razón por la que tuve que volver a confesar ciertos pecados del pasado en la oficina de Mary Anne, después de haber llegado a ser creyente, fue porque esos pecados todavía tenían control mortificante en mí. Todavía tenía falta de perdón hacia mi madre. Y aunque había dejado todas mis prácticas ocultistas, todavía tenía muchos libros sobre las ciencias ocultas en mi casa. Tampoco había confesado de manera específica los dos abortos que tuve antes de llegar a ser creyente y, aunque Dios me perdonó todo eso cuando recibí a Jesús, todavía no podía perdonarme a mí misma. La confesión de esos pecados me ayudó a recibir el perdón que Él ya me había extendido, y también destruyó las consecuencias del pecado que yo había permitido que se infiltrara en mi vida.

Recuerda, Dios te ha dado una manera de recibir su perdón completo y es confesando el pecado y arrepintiéndote de él. Dices: «Hice esto y te pido que me perdones. Detesto lo que he hecho y lo siento tanto que me propongo no volver a hacerlo nunca». No obstante, si queremos que Dios *nos* perdone todo, también *tenemos* que perdonar.

La única manera de recibir el perdón de Dios por nuestra falta de perdón es perdonando por completo a los demás.

Niégate a quedarte atascado en la falta de perdón

La falta de perdón hacia los demás es uno de esos pecados que lo torturan a uno mismo. Es posible que te sientas bien por algún tiempo, pero pronto comenzará a destruirte. No te permitas hacerlo. En lugar de eso, obedece a Dios al perdonar a la gente. Dales la oportunidad de cambiar y de ser distintos de lo que eran. Eso no quiere decir que te colocas para que te vuelvan a lastimar. Significa que los dejas en las manos de Dios y que tú sigues adelante con tu vida.

Cuando perdonas a alguien, obtienes mayor libertad, plenitud y verdadero éxito. Eso se debe a que cuando perdonas, te sumerges en el río de la vida, donde te refrescas y eres limpio. Cuando perdonas, llegas a ser más semejante al Señor. Cuando no perdonas, la falta de perdón se apodera de tu vida. Aunque la falta de perdón no te quita tu salvación, sí limita lo que Dios puede hacer en ti y por medio de ti. No permite que llegues a ser todo lo que puedes ser.

Pídele a Dios que te muestre si necesitas perdonar a alguien. Créeme, cuando oras de esta manera, Dios enseguida te traerá a esta persona a la mente. Podría ser de tu pasado lejano o muy reciente como ayer. Podría ser alguien que no te diste cuenta que tenías que perdonar, pero cuando esa persona venga a tu mente, sabrás el porqué. Quien sea, o lo que sea, que necesite tu perdón, confiésalo ante Dios y pídele que te ayude a perdonar por completo. Niégate a tener a esa persona atada a ti al no perdonarla. Entrégale esa persona a Dios y pídele que obre un perdón completo en tu corazón. Me he dado cuenta de que entregarle la gente a Dios en oración y pedirle que obre en sus vidas para que los lleve a una alineación adecuada con Él es mejor que la venganza. Dios responderá esa oración y tú te liberarás en el proceso.

El perdón no siempre ocurre de la noche a la mañana. Muchas veces es un proceso, en especial para las heridas profundas y perjudiciales. Si has perdonado a alguien y al día siguiente sientes la misma falta de perdón, dolor, ira y amargura en su contra, no te desanimes ni pienses que nada ha cambiado. A veces se necesitan capas de perdón que retiren las capas de falta de perdón que se han acumulado con el tiempo. Sigue orando y pídele a Dios que te ayude a perdonar por completo.

Sé diligente en especial para perdonar a tus padres y a tu cónyuge. La falta de perdón hacia cualquiera de ellos te ocasionará desdicha y dolor en tu vida. Pídele a Dios que te muestre si tienes algún resentimiento en esa esfera. Hasta con las mejores personas, y en las mejores circunstancias, todavía podría haber veces en las que necesitamos perdonar.

Me he dado cuenta de que si oras a menudo por la persona que necesitas perdonar, tu corazón se suaviza hacia ella. La verdad es que siempre empiezas a amar a la persona por la que oras. Y eso se debe a que en el proceso desarrollas el corazón de amor de Dios hacia ella.

Si tienes que pedir el perdón *de* alguien, pídele a Dios que te guíe en cuanto a la manera de acercarte a esa persona y por el tiempo para hacerlo. Cúbrele primero con oración. Luego, procede como sientas que el Espíritu Santo te esté guiando. Ya sea que esa persona te perdone o no, es algo que tú no puedes controlar. Solo entiende que hiciste lo que debías y ahora puedes seguir adelante.

La disposición a perdonar es algo que debemos tener preparado en nuestro corazón todos los días. Eso no significa que permitamos que la gente sea hiriente o destructiva con nosotros. Permitirles que hagan el mal tampoco es bueno. Significa que hemos decidido que no vamos a abrigar falta de perdón, ni permitir que eso se convierta en amargura. Tenemos el poder para tomar la decisión de no vivir con falta de perdón en nuestro corazón.

Cuando confesamos nuestra falta de perdón, eso aclara las cosas entre Dios y nosotros. La Biblia dice: «Si nuestro corazón no nos reprende, confianza tenemos en Dios; y cualquiera cosa que pidiéremos la recibiremos de él, porque guardamos sus mandamientos, y hacemos las cosas que son agradables delante de él» (1 Juan 3:21-22). Esa es una promesa más que suficiente para mí. Tener una conciencia clara y una mente convencida nos permite estar ante Dios sabiendo que lo estamos obedeciendo y que somos agradables a sus ojos. Y entonces sabemos que Él escuchará nuestras oraciones y las responderá. Ese es un incentivo suficiente para mantener mi corazón y mi mente dispuestos por completo a perdonar todo el tiempo. ¿Y qué me dices de ti?

Sal del foso de la falta de perdón y entra en la corriente limpiadora del perdón... de Dios y el tuyo.

◈ EL PODER DE LA ORACIÓN ◈

Señor:

Te doy gracias por perdonarme y ya no acordarte siquiera de mis pecados (Hebreos 8:12). Muéstrame lo que tenga que confesarte hoy para que pueda traerlo a ti y recibir tu liberación. Convence a mi corazón cuando me desvíe de tus leyes y mandamientos.

En especial, te pido que reveles cualquier lugar de mi corazón donde no haya perdonado a alguien. No quiero abrigar nada dentro de mí que impida que escuches mis oraciones. Ayúdame a ser una persona perdonadora, de la misma manera que tú eres perdonador conmigo. Ayúdame siempre a perdonar enseguida y a no esperar que la otra persona diga o haga lo que creo que debería decir o hacer.

Muéstrame la manera en que tengo que pedirle perdón a alguien, para que ambos podamos recibir sanidad y liberación. Si he lastimado a alguien sin darme cuenta y hay falta de perdón en su corazón, revélamelo para que pueda hacer enmiendas. Si he sido egoísta con alguien, y eso ha reducido la manera en que esa persona se siente en cuanto a sí misma, permíteme aclarar las cosas entre nosotros.

Señor, quita toda la ira, la amargura o el resentimiento de mi corazón. Derrama tu Espíritu Santo en mí y límpiame de lo que no es de ti. Permíteme ser una persona que viva en el perdón que tú me has dado para que pueda extender perdón con libertad a otros (Efesios 4:32).

Todo esto te lo pido en el nombre de Jesús.

◈ EL PODER DE LA PALABRA ◈

No juzguéis, y no seréis juzgados; no condenéis,
y no seréis condenados; perdonad,
y seréis perdonados.
LUCAS 6:37

El que ama a su hermano, permanece en la luz,
y en él no hay tropiezo. Pero el que aborrece a su
hermano está en tinieblas, y anda en tinieblas,
y no sabe a dónde va, porque las tinieblas
le han cegado los ojos.
1 JUAN 2:10-11

Antes sed benignos unos con otros,
misericordiosos, perdonándoos unos
a otros, como Dios también os
perdonó a vosotros en Cristo.
EFESIOS 4:32

Por tanto, si traes tu ofrenda al altar,
y allí te acuerdas de que tu hermano tiene
algo contra ti, deja allí tu ofrenda delante
del altar, y anda, reconcíliate primero
con tu hermano, y entonces ven
y presenta tu ofrenda.
MATEO 5:23-24

Porque si perdonáis a los hombres sus ofensas,
os perdonará también a vosotros vuestro
Padre celestial; mas si no perdonáis a
los hombres sus ofensas, tampoco vuestro
Padre os perdonará vuestras ofensas.
MATEO 6:14-15

11

TEME A DIOS, PERO NO VIVAS EN TEMOR

~~~❉❉❉~~~

Tú no tienes que vivir en temor. Aunque haya mucho de qué temer en este mundo, no tienes que pasarte la vida con miedo por lo que podría ocurrir.

Cuando vemos que a nuestro alrededor ocurren sucesos aterradores, aparte de las cosas corruptas y peligrosas en las que vemos que participan algunas personas, esas cosas hacen que pensemos: *¿Está loca esta gente? ¿No ven lo que están haciendo ni cuáles serán las consecuencias?*

Las respuestas a estas preguntas son *sí,* la gente está loca cuando no tiene sabiduría de Dios; y *no,* los impíos no pueden medir las consecuencias de lo que están haciendo. Hacen cosas tontas porque no tienen sentido de lo que es bueno. La descripción de un tonto es una persona que no puede ver las consecuencias de su comportamiento. Los tontos no tienen temor de Dios y, por consiguiente, no tienen frenos. La sabiduría y el entendimiento de las consecuencias de nuestros actos resultan de tener temor de Dios.

Tener temor de Dios significa que tienes tanto amor y reverencia hacia Dios que le temes a lo que sería la vida sin Él.

Algunas personas creen que no hay Dios. Otras piensan que podría haber Dios, pero se niegan a reconocerlo en sus vidas porque es evidente que no quieren que Él les diga cómo vivir. Quieren hacer lo que desean hacer. Eso es lo que la Biblia dice de esa gente. «No hay quien busque a Dios. Todos se desviaron, a una se hicieron inútiles; no hay quien haga lo bueno, no hay ni siquiera uno. Quebranto y desventura hay en sus caminos; y no conocieron camino de paz. No hay temor de Dios delante de sus ojos» (Romanos 3:11-12, 16-18).

En contraste a eso, tener temor del Señor hace que una persona haga lo opuesto. Hace que busque a Dios y su verdad, que haga lo que es bueno, que promueva la vida, que edifique y no destruya, que dé paz y que huya del mal.

Vivimos en una cultura que puede ser venenosa. Se burla de los caminos de Dios y glorifica el pecado. Todo lo que tenemos que hacer para deslizarnos es no hacer nada. No tenemos que buscar nuestro mal; él *nos* busca. El mal se presenta y tenemos que decidir alejarnos de él. Tenemos que controlar nuestros pensamientos y lo que vemos y escuchamos. Tenemos que apartarnos de la impiedad y cambiar de dirección hacia Dios. Tenemos que pedirle al Señor que ponga el temor piadoso en nuestros corazones, a fin de mantenernos en el buen camino. «Y haré con ellos pacto eterno, que no me volveré atrás de hacerles bien, y pondré mi temor en el corazón de ellos, para que no se aparten de mí» (Jeremías 32:40).

Tenemos que decir: «Señor, pon temor en mi corazón para que no me aleje de ti de ninguna manera.

¿Qué pasa cuando tienes temor de Dios?

Dios provee un lugar de refugio que quita tu temor humano. «En el temor de Jehová está la fuerte confianza; y esperanza tendrán sus hijos» (Proverbios 14:26).

Dios te da los deseos de tu corazón. «Cumplirá el deseo de los que le temen; oirá asimismo el clamor de ellos, y los salvará» (Salmo 145:19).

Dios te bendice a ti y a tus hijos de cualquier manera. «Bienaventurado el hombre que teme a Jehová, y en sus mandamientos se deleita en gran manera. Su descendencia será poderosa en la tierra; la generación de los rectos será bendita. Bienes y riquezas hay en su casa, y su justicia permanece para siempre» (Salmo 112:1-3).

Dios te da una vida de logros y paz. «El temor de Jehová es para vida, y con él vivirá lleno de reposo el hombre; no será visitado del mal» (Proverbios 19:23).

Dios te ayuda a vivir como Él quiere. «Bienaventurado todo aquel que teme a Jehová, que anda en sus caminos» (Salmo 128:1).

Dios te libra de tus enemigos. «Mas temed a Jehová vuestro Dios, y él os librará de mano de todos vuestros enemigos» (2 Reyes 17:39).

Dios te cuida. «He aquí el ojo de Jehová sobre los que le temen, sobre los que esperan en su misericordia» (Salmo 33:18).

Dios te ayuda a apartarte del mal. «Con misericordia y verdad se corrige el pecado, y con el temor de Jehová los hombres se apartan del mal» (Proverbios 16:6).

Dios revela todo lo que necesitas saber. «La comunión íntima de Jehová es con los que le temen, y a ellos hará conocer su pacto» (Salmo 25:14).

Dios te da todo lo que necesitas. «Temed a Jehová, vosotros sus santos, pues nada falta a los que le temen. Los leoncillos necesitan, y tienen hambre; pero los que buscan a Jehová no tendrán falta de ningún bien» (Salmo 34:9-10).

Dios evita que tu vida se acorte. «El temor de Jehová aumentará los días, mas los años de los impíos serán acortados» (Proverbios 10:27).

Dios envía a su ángel para librarte del mal. «El ángel de Jehová acampa alrededor de los que le temen, y los defiende» (Salmo 34:7).

Tener temor de Dios no significa que estarás temblando debajo de tu cama porque tienes miedo de que Dios te ataque con un rayo. El temor piadoso viene de una gran reverencia y amor hacia Él. Es algo que *Dios* pone en tu corazón cuando cambias de dirección hacia Él y te bendecirá y protegerá. El temor de Dios es algo que debemos desear todos.

Lo que la Biblia dice acerca del temor que no es de Dios

Hay una clase de temor que *no* queremos. Y Dios tampoco lo quiere para nosotros. Tener miedo es agotador y extenuante, y quita la paz, el gozo, la energía, la concentración y la productividad de nuestras vidas.

Sin embargo, lo cierto es que cuando tienes temor de Dios no hay que vivir con temor de nada más. Cuando haces que el Señor sea tu refugio, la fuente de tu vida, Él te protege. Es más, Dios dice que debemos sumergirnos en su amor que deshace todo temor, confiando que Él nos mantendrá a salvo. Cuando tenemos miedo, podemos buscar a Dios y Él quitará todo temor. «Porque has puesto a Jehová, que es mi esperanza, al Altísimo por tu habitación, *no te sobrevendrá mal*, ni plaga tocará tu morada» (Salmo 91:9-10, énfasis añadido).

Dios dice que el temor no viene de Él. «Porque no nos ha dado Dios espíritu de cobardía, sino de poder, de amor y de dominio propio» (2 Timoteo 1:7). Pablo incluso se refiere al temor como «espíritu de esclavitud para estar otra vez en temor» (Romanos 8:15). Dijo que tampoco recibimos esa clase de temor, pero lo que *sí* recibimos es «el espíritu de adopción». Nuestro Padre celestial nos adoptó y no tenemos nada que temer. El espíritu de temor viene del enemigo y es algo de lo que podemos ser libres.

No me refiero a cuando tienes momentos breves de miedo y lo superas después. Cuando un espíritu de temor te controla, puedes sentir que te envuelve como una sábana fría alrededor de tu espalda. Siempre está allí, al acecho, en tu mente. La única manera que conozco para ponerle fin a ese control es permanecer en la Palabra de Dios y proclamar la verdad: que Dios no te dio un espíritu de temor; Él te dio su amor y su poder. También te dio una mente sana para que puedas *decidir* vivir en su amor y poder. Puedes rechazar el espíritu de temor.

Yo solía estar controlada y casi paralizada por el temor.

Cuando tenía catorce años de edad, cuidaba a seis niños de una familia. Vivían a tres casas de distancia y enfrente de mi casa. Estaba en un terreno de esquina, por lo que la parte de atrás de su casa daba hacia mi casa. Los niños se portaban muy bien o nunca habría podido encargarme de seis niños a la vez. Una noche, después que los padres se marcharon y los cuatro niños menores estaban acostados, me encontraba sentada a la mesa del comedor hablando con los dos niños mayores (un niño como de ocho años y una niña como de diez), cuando escuchamos que alguien parecía que trataba de mover el picaporte de la puerta de la cocina. Los tres nos quedamos mirándonos los unos a los otros en alarmado silencio y escuchando por un momento. Luego, oímos de repente que el seguro del picaporte hizo el inconfundible clic para abrirse.

Los tres corrimos con la velocidad de un relámpago hacia la habitación de los padres y yo tomé el teléfono y llamé a mi madre. Mientras le decía lo que acababa de pasar, el niño miró afuera de la puerta de la habitación hacia la sala y vio a un hombre que se dirigía a nosotros. Llegó al pasillo mientras yo todavía estaba al teléfono y creo que cuando me escuchó que histéricamente le decía a mi madre que viniera enseguida, se volteó y salió corriendo de la casa.

Mientras marcaba el número de la policía, mi madre caminó por la acera hacia la casa donde estábamos, pero al lado opuesto de la calle. De repente vio a un hombre que salía corriendo por la puerta del patio. Ella se detuvo y se quedó muy quieta a la sombra de un gran árbol para que las luces de la calle no revelaran que estaba allí. Ella vio que este hombre solo llevaba puesta una camisa que le llegaba hasta sus rodillas y no tenía pantalones. Lo vio irse unos cuantos metros en el callejón, en la parte de atrás de la casa donde yo estaba con los niños, donde se detuvo y se puso los pantalones que tuvo que haber escondido allí. Luego, se fue corriendo por el callejón. Mi madre entró a la casa por la puerta abierta de la cocina y se dirigió a la habitación donde todavía estábamos escondidos. Nunca me había sentido tan agradecida de verla.

Dos días más tarde, un hombre que encajaba con la misma descripción del que había entrado a la casa donde estábamos, también invadió otro hogar, a una cuadra de distancia de la nuestra y mató a un niñito. Ese hombre había escapado de un hospital mental de los alrededores, precisamente poco antes de que invadiera la casa donde yo estaba cuidando a los niños. Yo lloré y lloré. Hoy en día, todavía me hace llorar pensar en eso. Lloro por lo cerca que estuvimos de un desastre. Y lloro por aquel niñito y sus padres.

Desde entonces, temía mucho estar sola. Tenía un miedo torturante de que alguien invadiera mi casa. No fue hasta que llegué a conocer a Jesús, y que tuve el perfecto amor de Dios que me sanó, que desapareció el temor. Ya no está allí. Pienso en las posibilidades de situaciones peligrosas, pero ellas ya no controlan mi vida. Tomo precauciones y no hago nada tonto que provoque problemas, sino que mi reverencia a Dios me ha hecho estar segura de que Él está conmigo para protegerme. Pienso que Él estuvo conmigo en ese entonces. Aunque no lo conocía, sí tenía una abuela que oraba.

Tres cosas para recordar acerca del temor impío

1. La presencia de Dios estará contigo para guardarte del temor. «Aunque ande en valle de sombra de muerte, no temeré mal alguno, porque tú estarás conmigo; tu vara y tu cayado me infundirán aliento» (Salmo 23:4).

2. Las promesas de Dios te capacitarán para rechazar el temor. «No temas, porque yo estoy contigo; no desmayes, porque yo soy tu Dios que te esfuerzo; siempre te ayudaré, siempre te sustentaré con la diestra de mi justicia» (Isaías 41:10).

3. El amor de Dios quitará el temor. «En el amor no hay temor, sino que el perfecto amor echa fuera el temor; porque el temor lleva en sí castigo. De donde el que teme, no ha sido perfeccionado en el amor» (1 Juan 4:18).

El temor de Dios en tu corazón evitará que mantengas un comportamiento destructivo. Impedirá que desobedezcas las leyes de Dios... y del gobierno también. Hará que te apartes de cualquier cosa ofensiva que entristezca al Espíritu Santo en ti. El temor de Dios te alejará de cualquier pensamiento, acción o palabra insensata. Evitará que planifiques hacer cualquier cosa que se oponga a lo que quiere Dios. El temor de Dios hará que tu vida marche de la manera que debe hacerlo.

¿Quién no necesita eso?

◈ EL PODER DE LA ORACIÓN ◈

Señor:

Te rindo honor en todo sentido. Permíteme mostrarte mi amor y adoración por todo lo que eres. «Enséñame, oh Jehová, tu camino; caminaré yo en tu verdad; afirma mi corazón para que tema tu nombre. Te alabaré, oh Jehová Dios mío, con todo mi corazón, y glorificaré tu nombre para siempre» (Salmo 86:11-12). Ayúdame a darte siempre la gloria debida, porque te adoro y alabo por encima de todo.

Te entrego todos mis temores y te pido que me los quites para que ya no viva con temor a nada. Tú eres «mi luz y mi salvación» y «la fortaleza de mi vida, ¿de quién temeré?» (Salmo 27:1). Sé que no me has dado un espíritu de temor; me has dado amor, poder y una mente sana. En tu presencia todo mi temor se va, porque tu amor se lo lleva.

Ayúdame a hacer de la alabanza mi primera reacción al temor cuando venga a mí. No quiero negar tu presencia al darle lugar al temor en tiempos de debilidad. Haz crecer mi fe para extinguir todo el temor, a fin de que pueda confiar en tu Palabra y en tu poder que me protege. Tu Palabra dice: «Aunque un ejército acampe contra mí, no temerá mi corazón» (Salmo 27:3). Me siento muy agradecido porque cuando clamo a ti, tú me escuchas y me libras de todos mis temores (Salmo 34:4).

Sé que la reverencia a ti da vida y me mantiene lejos de las acechanzas que llevan a la muerte (Proverbios 14:27). Permíteme tener ese temor piadoso siempre en mi corazón. No quiero sacrificar ninguna de las bendiciones, protección, sabiduría, logros, paz y vida larga que tienes para los que te temen.

Todo esto te lo pido en el nombre de Jesús.

❧ EL PODER DE LA PALABRA ❧

El temor de Jehová es manantial de vida
para apartarse de los lazos de la muerte.
PROVERBIOS 14:27

Aunque un ejército acampe contra mí,
no temerá mi corazón; aunque contra
mí se levante guerra, yo estaré confiado.
SALMO 27:3

Riquezas, honra y vida son la remuneración
de la humildad y del temor de Jehová.
PROVERBIOS 22:4

Como un padre se compadece de sus hijos,
así se compadece el SEÑOR de los que le temen.
SALMO 103:13, LBLA

Mas la misericordia de Jehová es desde
la eternidad y hasta la eternidad sobre
los que le temen, y su justicia
sobre los hijos de los hijos.
SALMO 103:17

❦ 12 ❧

SUSTITUYE LA DUDA CON UNA FE INQUEBRANTABLE

〜〜〜

Todos tenemos fe en algo. Si no tuviéramos fe en nada, ni siquiera nos levantaríamos de la cama en la mañana. Tenemos fe en que podemos llegar a la cocina sin que el techo se nos caiga encima. Tenemos fe en que podemos llegar a la tienda sin que nos maten. Tenemos fe en que el médico no va a recetarnos algo que destruya nuestro cuerpo. Tenemos fe en que cuando vamos al trabajo nos van a pagar de veras. Tenemos fe en que cuando vamos a un restaurante no nos van a envenenar. (Y he dicho muchas veces que algunos restaurantes requieren de más fe que otros). Nuestras vidas serían desdichadas si no tuviéramos fe en nada.

La fe es una decisión.

La fe en Dios también es una decisión. Decidimos creer en que Dios existe y que su Palabra es verdadera. Eso quiere decir que decidimos creer en *su buena noticia* en vista de cualquier mala noticia en nuestras vidas. Decidimos creer que Dios puede hacer lo que promete y nos negamos a dudarlo, sin importar lo que nos digan nuestras circunstancias. Decidimos creer que el poder de Dios es mayor que cualquier cosa que enfrentemos. Esas son decisiones que debemos tomar todos los días.

Lo que *no* debemos hacer es poner fe en nuestra fe. Nuestra fe no logra nada por sí sola; *Dios* lo logra todo. Tienes fe en Dios cuando oras y *Él* responde tu oración. Tu fe no *hace* que Dios responda tus oraciones; tu fe *invita* a Dios a obrar con poder en tu vida.

Entender esto es de suma importancia porque no podemos llegar a donde tenemos que llegar en la vida sin fe en Dios. La fe en su poder nos permite ir más allá de cualquier cosa que pudiéramos hacer por nosotros mismos. Además, impide que tratemos de hacerlo todo con nuestras propias fuerzas. Tomamos la decisión de confiar solo en nosotros o en nuestro Dios todopoderoso.

Incluso, la fe viene como un regalo de Dios. «La medida de fe que Dios repartió a cada uno» (Romanos 12:3). Sin embargo, tenemos que hacerla crecer. Y eso ocurre cada vez que leemos, hablamos o escuchamos su Palabra. Tu fe aumenta de acuerdo con cuánto leas la Biblia. «La fe es por el oír, y el oír, por la palabra de Dios» (Romanos 10:17).

La enemiga de la fe

La enemiga de la fe es la duda, por supuesto, pero la duda también es algo que controlamos nosotros. Podemos decidir rechazar nuestra propia duda. Y eso es lo que debemos hacer si queremos hacer que nuestra vida marche bien.

Esto es algo que olvidamos con mucha frecuencia.

Cuando nos llega la duda, podemos actuar como si no tuviéramos más opción que abrigarla. No obstante, *sí* tenemos opción. Podemos rechazarla. No importa qué tan llenos estemos de fe, la duda puede sorprendernos en momentos débiles, como cuando tenemos miedo, estamos muy cansados o experimentamos conflicto, o cuando las cosas malas ocurren aunque la culpa no sea nuestra. La duda también puede comenzar a superarnos cuando pasamos mucho tiempo con gente sin fe, que no tiene absolutos y que cuestiona las cosas de Dios, no con el propósito de encontrar respuestas, sino más bien para socavar la fe de otra gente. Esto puede abrir el camino para que la duda entre con sigilo en nuestra mente desprevenida.

Sin embargo, tienes otra opción. Cuando tengas duda en cuanto a la capacidad de Dios de proteger y proveer, puedes decir de manera deliberada: «Me niego a permitir que la duda acampe en mi alma». Entonces, nombra las cosas de las que dudas. Lee la Palabra de Dios hasta que tengas evidencias en las Escrituras que refutan esas dudas y vuelven a establecer tu fe. Te digo que este es un gran asunto para encontrar el verdadero éxito para tu vida. Y no es vivir sin querer reconocer algo. Es más, *no* tener fe es vivir sin querer reconocer algo, es negar la verdad y el poder de Dios y su Palabra.

A continuación hay un listado corto de lo que estoy hablando. Recuerda que las Escrituras no solo son palabras, tienen *vida*. El Espíritu Santo en ti da aliento de vida a las palabras de la Biblia inspiradas por el Espíritu Santo, de tal manera que mientras las lees cobran vida en tu corazón. He aquí unos cuantos ejemplos de cómo rechazar la duda y tener fe en Dios.

Mi razón para tener duda:	La razón de Dios para tener fe:
«Me siento débil y dudo que pueda resistir lo que estoy enfrentando».	«Todo lo puedo en Cristo que me fortalece» (Filipenses 4:13).
«Lo que acaba de sucederme es un desastre y no veo cómo recuperarme de eso».	«Y sabemos que a los que aman a Dios, todas las cosas les ayudan a bien, esto es, a los que conforme a su propósito son llamados» (Romanos 8:28).
«Tengo miedo de lo que podría suceder».	«El perfecto amor echa fuera el temor» (1 Juan 4:18).
«No sé si Dios responderá mis oraciones».	«Si algo pidiereis en mi nombre, yo lo haré» (Juan 14:14).

La decisión es tuya

La fe es una decisión espiritual. La duda es una decisión de la carne.

Tu lado carnal no está sujeto a Dios. Peleará en contra de Dios hasta que tomes la decisión de tener tu carne bajo control. Sin embargo, no siempre vemos la duda como una opción. Aunque es cierto que hay veces en que todos dudamos, no tenemos que vivir con eso. Podemos decidir tener fe en Dios y su Palabra.

Simón Pedro fue uno de los discípulos confiables que siempre estuvo con Jesús y lo veía hacer milagros. Jesús le dijo a Pedro que Satanás quería probarlo, pero que Él había orado para que la fe de Simón Pedro no fallara (Lucas 22:31-32). ¿Cuánto más no deberíamos orar de la misma manera por nosotros mismos?

Cuando tengas duda, confiésala a Dios como pecado. «Todo lo que no proviene de fe, es pecado» (Romanos 14:23). Lee en la Palabra acerca de los hombres y las mujeres de fe. Sus historias te inspirarán. Abraham esperó años para que Dios cumpliera la promesa que le hizo de tener un hijo. En el tiempo de espera, su fe se fortaleció y no se debilitó. Dice de Abraham que «tampoco dudó, por incredulidad, de la promesa de Dios, sino que se fortaleció en fe, dando gloria a Dios» (Romanos 4:20). Ora para que puedas tener una fe que no desmaye, sino que se fortalezca mientras esperas que Dios responda tus oraciones.

Sentirte débil, o ser consciente de tus incapacidades o limitaciones, no indica una falta de fe. Sentir que Dios es débil contigo, o que tiene limitaciones, es falta de fe.

Pídele a Dios que te ayude a ser muy fuerte en tu fe de modo que fortalezcas la fe de otros que te rodean y que quizá se encuentren batallando. Pídele que te dé una fe lo bastante fuerte como para llevarte a donde tienes que ir. Los israelitas no pudieron entrar a la Tierra Prometida por su falta de fe

(Hebreos 3:19). Aprendamos de ellos y no dejemos que la duda nos excluya de todo lo que Dios tiene para nosotros.

La vida no marcha bien si pones tu fe en las cosas equivocadas. Nunca podrás experimentar toda la libertad, la plenitud y el verdadero éxito que Dios tiene para ti sin fe en Él y en su Palabra.

⁓ EL PODER DE LA ORACIÓN ⁓

Jesús:

Tú eres «el autor y consumador» de mi fe (Hebreos 12:2). Gracias por el regalo que me diste de la fe. Aumenta mi fe cada día, a medida que leo tu Palabra. Dame una fe fuerte para creer en las respuestas a mis oraciones. Sé que no se trata de que yo me proponga establecer una gran fe por mí mismo, sino de que la fe venga de tu Espíritu y de tu Palabra.

Ayúdame a confiar en ti con todo mi corazón y no en mi propio entendimiento. Te reconozco en todos mis caminos y dependo de ti para que dirijas mis veredas (Proverbios 3:5-6). Ayúdame a confiar en ti en todas las cosas de cada día. Impide que dude de ti y de tu Palabra. Sé que «lo que no proviene de fe, es pecado», por lo que confieso toda la duda que hay en mí (Romanos 14:23). Tu Palabra dice que el que duda es inestable, de doble ánimo y que no puede agradarte (Santiago 1:6-8). Te pido que me hagas fuerte en la fe que te agrada.

Señor, tú lo eres todo para mí. Lo sé porque por ti nunca estoy sin amor, gozo, esperanza, poder, protección y provisión. Por ti es que puedo elevarme más allá de mis limitaciones y vivir en paz, sabiendo que tú harás que todo obre para mi bien, mientras viva como tú quieres. Ayúdame a leer tu Palabra todos los días. Abre mis ojos cada vez más a tu verdad. Permíteme reconocer y entender tus promesas para mí, de modo que día por día pueda decidir rechazar toda duda en mi vida.

Todo esto te lo pido en el nombre de Jesús.

❧ El poder de la Palabra ❧

Pero sin fe es imposible agradar a Dios; porque
es necesario que el que se acerca a Dios
crea que le hay, y que es galardonador
de los que le buscan.
HEBREOS 11:6

Pero pida con fe, no dudando nada; porque
el que duda es semejante a la onda del mar,
que es arrastrada por el viento y echada de
una parte a otra. No piense, pues, quien
tal haga, que recibirá cosa alguna del Señor.
El hombre de doble ánimo es inconstante
en todos sus caminos.
SANTIAGO 1:6-8

Justificados, pues, por la fe, tenemos paz para con
Dios por medio de nuestro Señor Jesucristo.
ROMANOS 5:1

En lo cual vosotros os alegráis, aunque ahora
por un poco de tiempo, si es necesario,
tengáis que ser afligidos en diversas pruebas,
para que sometida a prueba vuestra fe,
mucho más preciosa que el oro, el cual aunque

perecedero se prueba con fuego, sea hallada en
alabanza, gloria y honra cuando sea manifestado
Jesucristo, a quien amáis sin haberle visto,
en quien creyendo, aunque ahora
no lo veáis, os alegráis con gozo inefable y glorioso;
obteniendo el fin de vuestra fe, que
es la salvación de vuestras almas.

1 PEDRO 1:6-9

Con Cristo estoy juntamente crucificado,
y ya no vivo yo, mas vive Cristo en mí;
y lo que ahora vivo en la carne,
lo vivo en la fe del Hijo de Dios,
el cual me amó y se entregó
a sí mismo por mí.

GÁLATAS 2:20

⌘ 13 ⌘

ACEPTA LA VOLUNTAD DE DIOS Y HAZLA

〰〰

H ay dos buenas maneras de entender la voluntad de Dios para tu vida: Una es leer la Palabra de Dios y la otra es orar.

La lectura de la Palabra de Dios todos los días te ayudará a entender lo que *siempre* es la voluntad de Dios para tu vida. Y, luego, al *hacer* esas cosas que sabes que *siempre* son la voluntad de Dios, se sienta una base que te permite descubrir cuáles son los detalles específicos de la voluntad de Dios para tu vida personal. Por ejemplo, siempre es la voluntad de Dios que lo alabes. Mientras más lo adores y alabes, más entendimiento obtendrás en cuanto a los detalles de su voluntad para ti en lo personal.

COSAS QUE SIEMPRE SON LA VOLUNTAD DE DIOS PARA TU VIDA

〰〰

Siempre es la voluntad de Dios que lo reconozcas en todo sentido. «Reconócelo en todos tus caminos, y él enderezará tus veredas» (Proverbios 3:6).

Siempre es la voluntad de Dios que vivas por fe. «Mas el justo vivirá por fe; y si retrocediere, no agradará mi alma» (Hebreos 10:38).

Siempre es la voluntad de Dios que lo adores. «Al Señor tu Dios adorarás, y a él solo servirás» (Mateo 4:10).

Además de encontrar la voluntad de Dios en su Palabra, también tienes que orar para recibir el conocimiento, la sabiduría y la comprensión que necesitas como persona a fin de andar por el buen camino.

Hace diecisiete años mi esposo y yo procurábamos conocer la voluntad de Dios en cuanto a si debíamos mudarnos de Los Ángeles, California, a Nashville, Tennessee. Encontramos pros y contras en ambas direcciones. Mucha gente decía que la decisión era obvia, pero la mitad de ellos pensaba que debíamos quedarnos en Los Ángeles, y la otra mitad pensaba que era evidente que debíamos partir hacia Nashville.

A mi esposo le atraía Nashville y yo quería quedarme en Los Ángeles. Lo que me convencía de que una mudanza a Nashville era el paso equivocado fue la manera en que mi esposo reaccionó conmigo cuando tuve dudas al respecto. Yo pensaba que si el Espíritu Santo nos estaba guiando en cuanto a este traslado, él no debería enojarse ni ser exigente. Sabía que teníamos que rendir nuestros sueños a Dios y orar por un conocimiento claro de su voluntad.

Michael oraba para que si teníamos que mudarnos, Dios hablara a *mi* corazón en cuanto a eso también. Tuve que ayunar y orar muchas veces por esto, y quería hacer la voluntad de Dios por completo, pero siempre esperaba que no tuviera que mudarme y dejar a mi familia, amigos cercanos y la iglesia que amaba. Se requirió de meses, pero entonces un día Dios lanzó de repente una revelación a mi corazón, y supe que era la voluntad de Dios que nos mudáramos.

Era importante para los dos que tuviéramos la certeza de que esa era la voluntad de Dios porque no había nada fácil en cuanto al traslado ni a los ajustes posteriores. Es más, reubicarse al otro lado del país fue muy difícil. Estar en la voluntad de Dios no significa que las cosas serán fáciles. Solo pregúntaselo a Jesús. Él estaba en la voluntad de Dios cuando fue a la cruz.

Michael y yo sabíamos que habíamos hecho lo adecuado cuando justo unos meses después de mudarnos a Tennessee, nuestra casa de California la destruyó el terremoto de Northridge. Todavía no la habíamos vendido, pero sabíamos que debíamos mudarnos cuando lo hicimos. Y fue algo bueno que siguiéramos la guía del Señor, pues habría sido un desastre aún mayor si hubiéramos estado allí entonces. El seguro por terremoto que teníamos solo cubría la mitad de lo que pagamos por la casa, por lo que financieramente perdimos bastante. Sin embargo, habríamos perdido mucho más, si hubiéramos pasado por alto la voluntad de Dios y nos hubiéramos quedado allá.

Todos tenemos que conocer la voluntad de Dios en cuanto a los detalles específicos de nuestra vida. «¿Debo irme allá o quedarme aquí?» La buena noticia es que podemos comenzar de inmediato hacia ese fin, al hacer lo que *sabemos que es en verdad* la voluntad de Dios. Por ejemplo, aunque no es la voluntad de Dios que todos se muden a Nashville, *es* la voluntad de Dios que oremos de modo que nos dirija hacia donde Él quiere que estemos.

POR QUÉ DEBES DESEAR LA VOLUNTAD DE DIOS

Para entrar al reino de Dios. «No todo el que me dice: Señor, Señor, entrará en el reino de los cielos, sino el que hace la voluntad de mi Padre que está en los cielos» (Mateo 7:21).

Para vivir con Dios para siempre. «Y el mundo pasa, y sus deseos; pero el que hace la voluntad de Dios permanece para siempre» (1 Juan 2:17).

Para evitar vivir en el deseo de la carne. «Quien ha padecido en la carne, terminó con el pecado, para no vivir el tiempo que resta en la carne, conforme a las concupiscencias de los hombres, sino conforme a la voluntad de Dios» (1 Pedro 4:1-2).

Para recibir la promesa de Dios. «Porque os es necesaria la paciencia, para que habiendo hecho la voluntad de Dios, obtengáis la promesa» (Hebreos 10:36).

Para evitar sufrimiento innecesario. «Porque mejor es que padezcáis haciendo el bien, si la voluntad de Dios así lo quiere, que haciendo el mal» (1 Pedro 3:17).

Cómo encuentras la voluntad de Dios

Dile a Dios que vives para hacer su voluntad. «Siervos, obedeced [...] no sirviendo al ojo, como los que quieren agradar a los hombres, sino como siervos de Cristo, de corazón haciendo la voluntad de Dios» (Efesios 6:5-6).

Pídele a Dios sabiduría que te ayude a entender cuál es su voluntad. «No seáis insensatos, sino entendidos de cuál sea la voluntad del Señor» (Efesios 5:17).

Pídele a Dios que te permita hacer su voluntad. «Y el Dios de paz [...] os haga aptos en toda obra buena para que hagáis su voluntad, haciendo él en vosotros lo que es agradable delante de él por Jesucristo; al cual sea la gloria por los siglos de los siglos» (Hebreos 13:20-21).

Escucha la voz de Dios que habla a tu corazón. «Entonces tus oídos oirán a tus espaldas palabra que diga: Éste es el camino, andad por él; y no echéis a la mano derecha, ni tampoco torzáis a la mano izquierda» (Isaías 30:21).

Alaba a Dios y dale gracias por todo. «Dad gracias en todo, porque ésta es la voluntad de Dios para con vosotros en Cristo Jesús» (1 Tesalonicenses 5:18).

Pídele a Dios que obre su voluntad en tu vida para su gloria. «Puestos los ojos en Jesús, el autor y consumador de la fe, el cual por el gozo puesto delante de él sufrió la cruz, menospreciando el oprobio, y se sentó a la diestra de Dios» (Hebreos 12:2).

Una vez que sabes qué hacer, hazlo

En cuanto sepas cuál es la voluntad de Dios, es muy importante que hagas lo que Él te está diciendo que hagas.

Jeremías se enojó con el pueblo de Israel porque le pidieron que orara para poder saber la voluntad de Dios en cuanto a si se quedaban donde estaban o se iban a Egipto. Él oró y recibió la respuesta, pero el pueblo no hizo lo que Dios le instruyó que hiciera.

Jeremías les dijo: «¿Por qué hicisteis errar vuestras almas? Pues vosotros me enviasteis a Jehová vuestro Dios, diciendo: Ora por nosotros a Jehová nuestro Dios, y haznos saber todas las cosas que Jehová nuestro Dios dijere, y lo haremos. Y os lo he declarado hoy, y no habéis obedecido a la voz de Jehová vuestro Dios, ni a todas las cosas por las cuales me envió a vosotros. Ahora pues, sabed de cierto que a espada, de hambre y de pestilencia moriréis en el lugar donde deseasteis entrar para morar allí» (Jeremías 42:20-22).

Orar para saber la voluntad de Dios y, luego, no hacerla, trae consecuencias muy serias... en este caso, sufrimiento terrible y muerte. No vivir en la voluntad de Dios después que Él te la revela abre un camino para mucho sufrimiento futuro en tu vida también. Decidir vivir en la voluntad de Dios puede ayudarte a vivir lejos de problemas innecesarios y de una muerte prematura.

No estoy diciendo que cualquiera que está en la voluntad de Dios nunca experimentará sufrimiento y muerte. Jesús te dirá que eso no es cierto. Él estaba en la voluntad de Dios cuando fue a la cruz, pero había un gran propósito en su sufrimiento y sacrificio. Y eso será cierto también para ti. Si estás en la voluntad de Dios y ocurre algo malo, puedes confiar en que Dios tiene un plan para sacar el bien de lo que está sucediendo.

Después que Jeremías hizo esa oración, la respuesta no llegó durante diez días. Aunque Jeremías tenía una línea directa a Dios y el favor de Dios, aún tuvo que esperar la respuesta. Tú, también, tienes línea directa a Dios, su nombre es Jesús, y cuentas con el favor de Dios por Él. Así que si estás pidiendo qué dirección emprender, o qué decisión tomar, no te impacientes mientras esperas en el Señor la respuesta. Recuerda que estás en el cronograma *de Dios*; y que Él no está en el tuyo.

El problema con los israelitas era que ya habían tomado la decisión de lo que iban a hacer, incluso antes de preguntarle a Dios. Así que no importaba que Dios les dijera que se quedaran donde estaban y que no se fueran a Egipto; estaban decididos a irse de todos modos. Como resultado, los destruyeron, todo porque no escucharon a Dios ni obedecieron su voluntad para sus vidas.

Cuando le pedimos a Dios su dirección, tenemos que estar dispuestos a seguirla cuando sepamos cuál es. Las consecuencias de no hacerlo son serias.

Jonás es otro gran ejemplo de las consecuencias de no hacer la voluntad de Dios cuando ya sabes cuál es. Dios le dijo a Jonás que se fuera a cierto lugar, y él no solo se negó a hacerlo, sino que huyó de la presencia del Señor. Abordó un barco que se dirigía hacia un lugar, donde por error pensó que podía escaparse de

Dios. Entonces, se desató una tremenda tormenta y a Jonás lo lanzaron al mar donde se lo tragó un gran pez. Se quedó en el vientre de ese pez por tres días y tres noches, lo cual le dio mucho tiempo para pensar. Desde ese deprimente lugar, Jonás oró y adoró a Dios. Entonces, él fue colocado nuevamente en tierra seca. Cuando Dios le volvió a decir a Jonás a dónde quería que fuera y lo que tenía que hacer, él lo hizo.

Hay mucho más en esta gran historia que vale la pena leerla una y otra vez, pero para el propósito de este capítulo basta con decir que es mejor hacer la voluntad de Dios en lugar de que nos traguen las consecuencias de *no* estar en su voluntad. «Como no me escucharon cuando los llamé, tampoco yo los escucharé cuando ellos me llamen —dice el Señor Todopoderoso» (Zacarías 7:13, NVI).

Jesús, en gran contraste, dijo: «No busco mi voluntad, sino la voluntad del que me envió, la del Padre» (Juan 5:30). Cuando se enfrentaba a la cruz, se postró sobre su rostro ante Dios y oró: «Padre mío, si es posible, pase de mí esta copa; pero no sea como yo quiero, sino como tú» (Mateo 26:39). Jesús quería la voluntad de Dios más que su propia vida.

Cuando Jesús les enseñó a sus discípulos a orar, les instruyó que dijeran: «Hágase tu voluntad, como en el cielo, así también en la tierra» (Lucas 11:2). Así es que debemos orar también. No importa lo que *nosotros* deseemos, tenemos que querer más lo que quiere *Dios*.

❧ El poder de la oración ❧

Señor:

Te pido que me enseñes a hacer tu voluntad (Salmo 143:10). Produce el deseo de tu voluntad en mi corazón (Filipenses 2:13). Ayúdame a estar firme, perfecto y completo en tu voluntad y a estar siempre en el centro de ella (Colosenses 4:12).

Estoy agradecido contigo porque se puede conocer tu voluntad. Busco conocer tu voluntad para mi vida hoy. Guía todos mis pasos para que no tome una decisión indebida, ni tome el camino equivocado. «El hacer tu voluntad, Dios mío, me ha agradado» (Salmo 40:8). Lléname con el conocimiento de tu voluntad en toda sabiduría y entendimiento espiritual (Colosenses 1:9).

Recubre los deseos de mi corazón con los deseos de tu corazón. Quiero lo que tú quieres para mi vida. Ayúdame para que me niegue a aferrarme a las cosas que no son de ti. Ayúdame a aferrarme a ti y no a mis propios sueños. Solo quiero hacer tu voluntad con todo mi corazón (Efesios 6:6). Cuando experimente tiempos difíciles, ayúdame a saber si se debe a que hice algo malo o si hice algo bueno, y que esto está sucediendo de acuerdo a tu voluntad (1 Pedro 4:19).

Señor, solo tú sabes lo que es bueno para mí. Ayúdame a escuchar tu voz que me guía. Transfórmame para que haga tu voluntad (Romanos 12:2). Ayúdame a tener resistencia para que pueda hacer tu perfecta voluntad y a recibir las promesas de todo lo que tienes para mí.

Todo esto te lo pido en el nombre de Jesús.

⊸ EL PODER DE LA PALABRA ⊶

Por lo cual también nosotros, desde el día
que lo oímos, no cesamos de orar por vosotros,
y de pedir que seáis llenos del conocimiento
de su voluntad en toda sabiduría e inteligencia

espiritual, para que andéis como es
digno del Señor, agradándole en todo,
llevando fruto en toda buena obra,
y creciendo en el conocimiento de Dios.

COLOSENSES 1:9-10

Y esta es la confianza que tenemos
en él, que si pedimos alguna cosa
conforme a su voluntad, él nos oye.

1 JUAN 5:14

Porque todo aquel que hace la voluntad
de mi Padre que está en los cielos,
ese es mi hermano, y hermana, y madre.

MATEO 12:50

De modo que los que padecen según
la voluntad de Dios, encomienden sus
almas al fiel Creador, y hagan el bien.

1 PEDRO 4:19

Porque esta es la voluntad de Dios:
que haciendo bien, hagáis callar la
ignorancia de los hombres insensatos.

1 PEDRO 2:15

❧ 14 ❧

RECONOCE TU PROPÓSITO Y ESFUÉRZATE POR CUMPLIRLO

~~~~~~~

No tener una razón de ser en la vida es algo dañino. Podemos terminar tomando malas decisiones, haciendo cosas tontas, llegando a estar frustrados o sin logros y cayendo en las trampas del enemigo. Hay que admitir que todavía podemos experimentar algunas de estas mismas cosas, incluso cuando *sí* tenemos una razón de ser, pero al menos no es una condición crónica. Es una desviación temporal de un sendero general, donde tropezamos por poco tiempo en el camino de nuestra vida, pero entonces, como *sí* tenemos una razón de ser, enseguida nos enderezamos y volvemos a dirigirnos por el buen camino.

Tener una razón de ser no significa que conoces cada detalle de tu futuro. En realidad, podrías conocer unos cuantos detalles en cuanto a eso. A decir verdad, es posible que no sepas en absoluto a dónde te llevará el camino en el que te tiene Dios. A pesar de eso, *sí* sabes hacia dónde *no* te llevará. Por ejemplo, podrías percibir que te han llamado a usar tus dones para ayudar a la gente, pero sabes que no se te ha llamado a dejar a tu esposa e hijos para hacerlo. Este conocimiento por sí solo te ayudará a tomar ciertas decisiones buenas.

Tener un llamado o una razón de ser impedirá que te desmorones cuando enfrentes el temor o el fracaso. Hará que sigas adelante cuando te desanimes. Evitará que pierdas tiempo valioso haciendo algo que sabes que no es bueno para ti. La gente que desperdicia su vida con drogas, alcohol, apuestas o viendo pornografía no tiene idea del propósito de Dios para su vida. Si lo tuvieran, creo que su razón de ser dada por Dios enseguida suprimiría su deseo por todo eso. Su llamado los apartará de esto... o podría haber impedido que sucediera, en primer lugar. Aun cuando una persona sea víctima de algo horrendo, tiene que entender que el alto propósito de Dios no se ha perdido; aún está allí. Creo que no tener esa razón de ser es un factor fundamental en los problemas serios que enfrenta mucha gente.

Estoy convencida de que todos los problemas y angustias que experimenté en los años antes de llegar a ser creyente, ocurrieron porque no tenía a Jesús ni al Espíritu Santo en mí, ni un sentido del propósito de Dios para mi vida. El único sentido de algo que tenía era que la vida era frágil, que todo podía acabarse en un instante, que cada día es una batalla para sobrevivir, que no podía cambiarme a mí misma ni nada de mi vida, y que la gente que se supone que te ama no te ama, a menos que puedas ser y hacer lo que quieren que seas y hagas.

Sin embargo, cuando llegué a ser creyente, al fin tuve un sentido de esperanza y una razón de ser. Lo más valioso en mi vida fue la presencia amorosa, aceptadora, rejuvenecedora, fortalecedora, liberadora, sanadora y restauradora de Dios. Fue algo que nunca antes hubiera experimentado. Era inconfundible. Cada vez que entraba a la iglesia sentía esa fuerte presencia y me hacía llorar. No con lágrimas de amargura, tristeza, frustración, ni autocompasión como antes, sino con lágrimas que se llevaban toda una vida de todo eso. Eran lágrimas que sanaban, limpiaban, restauraban, reparaban y suavizaban mi corazón en lugares que se destrozaron antes tantas veces que las cicatrices eran parte de su dureza.

No estoy diciendo que fui perfecta después de aceptar a Dios en mi vida. Todavía cometía errores. Hice cosas tontas que lamento, y me decepcionaron otros cristianos que consideraba que deberían ser tan perfectos como lo era su Dios. Todo era parte de crecer en el Señor. Tropecé, pero sentí la fuerte convicción de que yo, ahora una hija del Rey, estaba hecha para cosas mejores que la profundidad a la que me había permitido caer.

Antes de tener esa razón de ser dada por Dios, había estado sofocando mi vida y no podía encontrar aire fresco. Había estado hundiéndome, y casi ahogándome, en un mar de malas decisiones y desesperación. Jesús no solo me lanzó un salvavidas, sino que también me dio su mano segura y firme que me sacó del fango. El vacío de mi vida solo lo había superado mi temor paralizador, pero ahora tenía a alguien cuyo amor incondicional era lo bastante poderoso como para quitar todo el temor y llenarme de paz y gozo. Jesús me restauró y me convenció de que tenía un propósito. Y sabía que era bueno porque *Él* es bueno.

Reconoce que tienes un propósito

Si eres creyente, tienes un propósito. Jamás pienses que no lo tienes. Es muy fácil que lleguemos a desviarnos en esto porque miramos demasiada televisión y pensamos que todo lo que leemos en un periódico o revista es cierto. Deja esto claro en tu mente: La Biblia es verdadera. Cualquier cosa que se base en la Biblia y que esté escrita por creyentes honestos también debería ser verdadera. Todo lo demás es sospechoso. No fundamentes tu razón de ser en lo que el mundo cree que es valioso.

El propósito es lo que Dios ha designado que hagas. Es lo que haces con resolución para el Señor.

Tu llamado es lo que *Dios* te llama a hacer. *Él* te guía a eso. *Él* te revela los dones que ha puesto en ti y cómo *quiere* que los uses. Pídele a Dios que redefina la visión que te ha dado, a fin de que puedas permanecer en el buen camino y no te desvíes ni apartes con actividades ni distracciones innecesarias.

Si no tienes una razón de ser, o tienes un sentido vago de que sí tienes un propósito, pero no tienes idea de qué es, pregúntate: «¿En qué soy bueno?». Escribe tus respuestas. Haz una lista. Si no sabes la respuesta a esa pregunta, pregúntate: «¿Qué clase de trabajo *podría* hacer si aprendiera las habilidades que necesito?». «¿Qué clase de habilidades me *gustaría* aprender?» «¿Qué *quiero* hacer bien?» Si estás teniendo problemas con las respuestas a estas preguntas, pídele a alguien de confianza que te ayude a hacer este listado.

No esperes conocer todos los detalles de tu propósito y llamado. A veces con solo saber que *tienes* un propósito y un llamado, es suficiente para mantenerte hacia delante en el buen camino. Cuando llegues a estar confundido o indeciso en cuanto a esto, vuelve a lo que *sí* sabes que es tu llamado. Permíteme que te recuerde que tu vida tiene propósito solo porque eres hijo de Dios. Tienes el llamado a ser discípulo de Jesús y a testificar de la buena nueva de vida en Él. «Fiel es Dios, por el cual fuisteis llamados a la comunión con su Hijo Jesucristo nuestro Señor» (1 Corintios 1:9). También tienes el llamado a servir a Dios y a glorificarlo al ser su mano extendida hacia otros.

Tu mayor propósito y llamado en la tierra es adorar a Dios. Te crearon para eso. La adoración será tu principal propósito en toda la eternidad. Una de las muchas cosas maravillosas que suceden como resultado de adorar a Dios es que Él te da la revelación para tu vida. Alabarlo te ayudará a cumplir tu propósito. «A *paz* nos llamó Dios» (1 Corintios 7:15, énfasis añadido). Él nos ha llamado a *santificación* (1 Tesalonicenses 4:7, énfasis añadido). Nos ha llamado a *libertad* (Gálatas 5:13, énfasis añadido). Y nos ha llamado a ser más semejantes a Él cada día (Romanos 8:29). Al buscar esas cosas, también nos mantendremos en el camino que nos llevará a cumplir nuestro propósito.

Si *has* tenido una razón de ser firme en el *pasado*, pero en esta etapa de tu vida sientes que podrías haberla perdido, ten en mente que hay muchas cosas que influyen en eso. Si has tenido problemas de salud, decepciones en tus relaciones, luchas financieras o has trabajado en exceso hasta el punto de estar exhausto, estresado, a punto de estallar o el enemigo te está atacando con crueldad, cualquiera de estas cosas puede sacudir tu confianza en ti mismo y en tu vida. No dejes que tus circunstancias establezcan tu razón de ser. Tu llamado y propósito vienen de Dios y Él no cambia de parecer en cuanto a eso.

Somete tu trabajo a Dios

El conocimiento de tu razón de ser no significa que cualquier trabajo que hagas será de gran envergadura. Dios usa el trabajo que hacemos para prepararnos. Algunos trabajos nos volverán humildes, nos darán más compasión por los demás, nos prepararán para lo que está por delante o será el medio para un fin. Un trabajo podría servir simplemente para proveer los fondos de modo que permanezcas vivo, tengas un lugar donde vivir, ayudes a tu hijo a estar en una buena escuela, permitirte cuidar de otros o apoyarte mientras avanzas en tu educación. De alguna manera, cada trabajo te prepara para otro, así que no te deprimas si estás en uno de esos trabajos preparatorios que te hacen madurar y que son un medio para un fin.

Si acaso es posible, es importante encontrar el trabajo que te interesa porque harás un mejor trabajo con algo que disfrutas. ¿Te gusta ayudar a los demás? ¿De qué maneras te gusta ayudarlos? ¿Te gusta enseñar? ¿Servir? ¿Hacer cosas para ellos? ¿Ayudarlos a hacer lo que necesitan hacer? ¿Ayudarlos a mejorar? Pídele a Dios que te muestre las respuestas a esas preguntas.

Cualquier cosa que hagas como trabajo, somételo a Dios para su gloria. Pídele que esté a cargo de él y bendícelo. Cuando haces esto, hasta las partes de tu trabajo que no te gustan serán soportables. «Y todo lo que hagáis, hacedlo de corazón, como para el Señor y no para los hombres; sabiendo que del Señor recibiréis la recompensa de la herencia, porque a Cristo el Señor servís» (Colosenses 3:23-24). Siempre tendrás éxito en lo que amas y dedicas a Dios.

Si sientes que el trabajo que tienes no es lo que deberías estar haciendo, pídele a Dios que te saque de eso y te lleve a tu verdadero propósito. Si la condición de tu trabajo te está derrotando o te hace sentir enfermo, deprimido o ansioso, o solo tienes la certeza de que no es lo indicado para ti, pídele a Dios que te dé una nueva visión para tu vida. No tienes que vivir a la deriva en tu ocupación, sintiéndote sin metas, inadecuado, sin talento, ni propósito. Si es la voluntad de Dios para tu vida, puedes tener una vida dinámica de poder y propósito, sin importar el trabajo que estés haciendo.

No importa lo que hagas, si tu principal motivación es ayudar a los demás, será tu principal satisfacción también (Filipenses 2:4).

La unción de Dios

La Biblia dice: «Porque irrevocables son los dones y el llamamiento de Dios» (Romanos 11:29). Dios puso dones en ti y tiene un llamado para tu vida, esa verdad nunca cambia. Ya sea que busques reconocer tus dones y entender tu llamado, eso depende de ti. Es más, Él a menudo lo hace tan obvio que ni siquiera nos damos cuenta porque estamos buscando algo distinto.

Sin embargo, no te confundas al pensar que los dones y el llamado de Dios son lo mismo que la unción. La unción de Dios es un toque especial de Dios en nuestras vidas. Cuando estamos funcionando en nuestros propios dones y llamado, este toque de Dios hará que los dones cobren vida para que puedan usarse con poder para su gloria y su propósito. La unción es una presencia especial del Espíritu Santo que pone en marcha tus dones y llamado, a fin de que le den vida a otra gente y cumplan el plan de Dios.

Es importante saber que esta unción *puede* perderse. Nuestra desobediencia o pecado pueden penalizarla. Un ejemplo de esto fue Sansón. Tenía el don de la fuerza. Y su llamado era usarlo para la gloria de Dios. Su largo cabello representaba su fortaleza y se le había instruido que nunca se lo cortara. Cuando se divertía de manera insensata con Dalila, le contó el secreto de su fortaleza. Ella hizo que se durmiera y, cuando él estaba dormido, hizo que alguien le cortara el cabello. Cuando despertó, vio que los filisteos lo habían capturado. Pensó que todavía era fuerte y que podía liberarse, pero *«no sabía que Jehová ya se había apartado de él»* (Jueces 16:20, énfasis añadido). El Señor se apartó de Sansón por su desobediencia.

En otro ejemplo, el rey Saúl desobedeció a Dios y perdió la unción de Dios para ser el rey de su pueblo. Saúl rechazó las instrucciones de Dios, por lo que Dios lo rechazó como rey (1 Samuel 15:16-23). *«El Espíritu de Jehová se apartó de Saúl,* y le atormentaba un espíritu malo de parte de Jehová» (1 Samuel 16:14, énfasis añadido). Dios nos da dones y un llamado para cumplir nuestro propósito en la vida, y Él no los quita. Sin embargo, la unción de Dios es un don tan valioso que si no lo valoramos y le damos la espalda a los caminos de Dios, la perderemos.

La Biblia dice: «Pero tenéis la unción del Santo» (1 Juan 2:20). También dice: «La unción que vosotros recibisteis de él permanece en vosotros» (1 Juan 2:27). La unción viene de Dios y vive en ti. Es una obra del Espíritu Santo en ti y por medio de ti que trae como resultado que Dios dirija las cosas que haces, junto con su voluntad y propósito para tu vida, de modo que iluminen a otros. Desea la unción del Señor en lo que haces, pero ten cuidado de que en ninguna manera desobedezcas al Señor ni comprometas a su Espíritu en ti. Oro para que andes «como es digno de Dios, que os llamó a su reino y gloria» (1 Tesalonicenses 2:12).

Nunca encontrarás tu propósito lejos del Dios que te creó, antes que todo, para un propósito. No dejes que tu mente se extravíe «de la sincera fidelidad a Cristo» (2 Corintios 11:3). Si la vida llega a ser agobiante para ti, es porque estás tratando de vivirla con tu propio esfuerzo, hacer tú mismo que sucedan las cosas. Busca al Señor en adoración y oración, y Él te llevará a donde tienes que ir. Él te permitirá hacer lo que te ha llamado hacer.

⌘ EL PODER DE LA ORACIÓN ⌘

Señor:

Tú me conocías antes de que naciera. Gracias porque me predestinaste para ser salvo y conforme a la imagen de Jesús. Gracias porque me has llamado y preparado para glorificarte (Romanos 8:29-30). Dame un sentido claro de tu propósito para mi vida. Ayúdame a entender cuál es la esperanza de mi llamado y la grandeza excepcional de tu poder que me permita cumplir ese propósito.

Te pido que todo lo que haga apoye tus planes y propósitos para mi vida. Muéstrame los dones que has puesto en mí, cómo puedo desarrollarlos de mejor manera y cómo usarlos para tu agrado. Permíteme permanecer firme en tus caminos a fin de que tu propósito pueda llevarse a cabo en mi vida.

Dedico a ti mi trabajo. Te pido que siempre esté en tu voluntad en todo lo que haga y que lo haga bien. Te pido que todo lo que haga sea agradable a ti y a las personas con las que trabajo y para las que trabajo. Ningún trabajo es demasiado insignificante, ni demasiado grandioso, siempre y cuando sea lo que tú me has llamado a hacer. Confirma la obra de mis manos para tu agrado y tu gloria (Salmo 90:17).

Ayúdame a entender cuál es la esperanza de mi llamado (Efesios 1:17-18). Permite que sea firme y constante, «creciendo en la obra del Señor» que me has dado, sabiendo que mi «trabajo en el Señor no es en vano», siempre y cuando sea *de* ti y *para* ti (1 Corintios 15:58). Ayúdame a vivir cada día con un profundo sentido de tu propósito en mi vida.

Todo esto te lo pido en el nombre de Jesús.

❧ EL PODER DE LA PALABRA ☙

Y sabemos que a los que aman a Dios,
todas las cosas les ayudan a bien,
esto es, a los que conforme a su
propósito son llamados.
ROMANOS 8:28

Te dé conforme al deseo de tu corazón,
y cumpla todo tu consejo.
SALMO 20:4

Yo pues, preso en el Señor, os ruego
que andéis como es digno de la
vocación con que fuisteis llamados.
EFESIOS 4:1

Por lo cual asimismo oramos siempre
por vosotros, para que nuestro Dios
os tenga por dignos de su llamamiento,
y cumpla todo propósito de bondad
y toda obra de fe con su poder.

2 Tesalonicenses 1:11

Así que, hermanos míos amados,
estad firmes y constantes, creciendo
en la obra del Señor siempre, sabiendo
que vuestro trabajo en el
Señor no es en vano.

1 Corintios 15:58

❧ 15 ❧

DELÉITATE EN EL
AMOR DE DIOS

〰〰〰

D ios es amor. Y Él te ama de manera incondicional.

Tienes que saber esto con certeza si quieres experimentar la libertad, la plenitud y el verdadero éxito. Eso se debe a que el amor de Dios es sanador, satisfactorio, liberador, edificante, rejuvenecedor y tranquilizador. Sin la aceptación total de su amor en nuestras vidas, siempre estamos afanados, preocupados, ansiosos y vacilantes. No podemos encontrar paz.

El amor de Dios es imperecedero y eterno; su amor siempre está allí para ti. Nada puede separarte del amor de Dios (Romanos 8:38-39). Nosotros somos los que ponemos barreras para recibirlo debido a nuestras dudas y temores.

No creer por completo en que Dios nos ama puede hacer que hagamos cosas con inseguridad. El amor de Dios nos hace sentir seguros de maneras que no puede hacerlo el amor humano. El amor de Dios es infalible; el amor humano no lo es. El amor de Dios es incondicional; el amor humano a menudo nos hace pasar penas y debemos estar a la altura de sus expectativas, según sea el caso. El amor de Dios no tiene límites y es sanador; el amor humano también puede ser sanador, pero tiene límites. Eso es así porque Dios es perfecto y la gente no. El amor de Dios es perdonador, no lleva la cuenta de las ofensas. El amor humano muchas veces es demandante y lleva la cuenta de las injusticias. Y aunque el amor humano puede hacernos sentir mejor con nosotros mismos, el amor de Dios nos transforma.

Muchos de nosotros no nos sentimos dignos del amor de Dios. Pensamos que hemos fallado de tantas maneras que de seguro Él ya no nos ama tanto. O sentimos que somos difíciles de amar por cosas poco cariñosas que nos hizo la gente en el pasado.

Cuando le pedimos a Jesús que entre a nuestras vidas, el Espíritu Santo de Dios está en nuestros corazones. Él es amor y es eterno. Así que tenemos amor eterno en nuestros corazones. Entonces, ¿podría ser que las cosas que tú o yo hacemos con corazón puro, llenas del amor de Dios, tendrán un aspecto eterno conectado con ellas? ¿Es eso parte de hacer tesoros en el cielo? (Mateo 6:19-20). «Donde esté vuestro tesoro, allí estará también vuestro corazón» (Mateo 6:21). Si así es, no podemos darnos el lujo de no ser *receptores del* amor de Dios ni *canales para* su amor en este mundo.

Si dudas que Dios te ama, ve ante Él y pídele que te ayude a percibir su presencia y su amor. A fin de sanar, sentirte pleno y llegar a estar enriquecido en tu espíritu y alma tienes que hacer esto a menudo hasta que se convierta en parte de ti y ya no sea algo con lo que tienes que batallar. Ir ante Dios en adoración y oración, y agradecerle por ser el Dios de amor, es la experiencia más maravillosa y sanadora. Cada vez que lo hagas, Él derramará en ti su amor y lo hará crecer. No hay nada mejor que esto.

No solo aceptes en tu mente la idea de que Dios te ama. Ponla en tu corazón. Si es necesario, di cincuenta veces al día: «Jesús me ama, yo lo sé», hasta que te convenzas. Invita a la presencia de Dios, que es la presencia del amor puro e incondicional, con tu alabanza. Cuando te sientas desanimado, ve ante Dios y dale gracias por su amor. Dale gracias porque murió por ti y porque ahora vivirás para siempre con Él. Si eso no es amor, no sé qué es.

Cómo el amor de Dios cambia tu vida

El amor de Dios te da vida eterna. «Porque de tal manera amó Dios al mundo, que ha dado a su Hijo unigénito, para que todo aquel que en él cree, no se pierda, mas tenga vida eterna» (Juan 3:16).

El amor de Dios te atrae hacia Él. «Con cuerdas humanas los atraje, con cuerdas de amor; y fui para ellos como los que alzan el yugo de sobre su cerviz, y puse delante de ellos la comida» (Oseas 11:4).

El amor de Dios te deja vivir por medio de Él. «En esto se mostró el amor de Dios para con nosotros, en que Dios envió a su Hijo unigénito al mundo, para que vivamos por él» (1 Juan 4:9).

El amor de Dios pagó por tus pecados. «En esto consiste el amor: no en que nosotros hayamos amado a Dios, sino en que él nos amó a nosotros, y envió a su Hijo en propiciación por nuestros pecados» (1 Juan 4:10).

El amor de Dios te da acceso a Él. «Y nosotros hemos conocido y creído el amor que Dios tiene para con nosotros. Dios es amor; y el que permanece en amor, permanece en Dios, y Dios en él» (1 Juan 4:16).

El amor de Dios te libera del temor. «En el amor no hay temor, sino que el perfecto amor echa fuera el temor; porque el temor lleva en sí castigo. De donde el que teme, no ha sido perfeccionado en el amor» (1 Juan 4:18).

El amor de Dios te da el verdadero éxito. «Antes, en todas estas cosas somos más que vencedores por medio de aquel que nos amó» (Romanos 8:37).

El amor de Dios te libera para amar a otros

Mientras más recibes el amor de Dios, más fluye a otros a través de ti. A decir verdad, nuestro amor hacia otros es la señal más convincente de todas para uno que no sea creyente. El amor de Dios que vi en otras personas fue lo que me atrajo al Señor. El amor de Dios en mí es lo que me ha llenado de amor hacia los demás, incluso a gente en otros lugares que no conozco.

Jesús dijo: «Un mandamiento nuevo os doy: Que os améis unos a otros; como yo os he amado» (Juan 13:34). Jesús nos amó tanto que dio su vida por nosotros. No tenemos que morir por otros, pero podemos dar nuestra vida de otras maneras.

La Biblia dice que si no tenemos amor por otros en nuestro corazón, no tenemos nada y cualquier cosa buena que hagamos, no nos beneficiaremos de ella. «Si yo hablase lenguas humanas y angélicas, y no tengo amor, vengo a ser como metal que resuena, o címbalo que retiñe. Y si tuviese profecía, y entendiese todos los misterios y toda ciencia, y si tuviese toda la fe, de tal manera que trasladase los montes, y no tengo amor, nada soy» (1 Corintios 13:1-2). Dios quiere llenar tu corazón de su amor para que puedas extenderlo a otros.

DOCE MANERAS DE EXTENDER EL AMOR DE DIOS A OTROS

Hay incontables maneras de extender el amor de Dios a los demás, pero he aquí solo unas cuantas que se encuentran en Romanos 12:9-21, un pasaje de las Escrituras que también podría titularse: «Maneras de actuar como cristiano».

1. *«El amor sea sin fingimiento» (versículo 9)*. No finjas que amas a los demás cuando en realidad no es así. Si no tienes amor en tu corazón por alguien, ora por esa persona todos los días y Dios te dará su corazón de amor por ella. No digas solo que amas a alguien, demuéstralo. Haz y di cosas que puedan definirse como hechos de amor. Pídele a Dios que llene tu corazón con su amor y te muestre cómo demostrarlo.

2. *«Aborreced lo malo» (versículo 9)*. Eres una persona que ya es sensible a lo malo o no estarías leyendo este libro. Sin embargo, nuestra sociedad se ha vuelto tan llena de mal que podemos llegar a estar adormecidos al «material atrevido», por lo que ya no nos afecta como debería hacerlo. Pídele a Dios que te muestre si esto te está ocurriendo a ti. Di: «Espíritu Santo, ayúdame a entristecerme con todo lo que te entristece. Ayúdame a detestar cualquier acción o palabra que sea poco cariñosa o pecaminosa». Cuando hagas esto, no solo demuestras tu amor por Dios; también demuestras tu amor por los demás. Eso es porque cuando tienes normas piadosas, otros se sienten seguros contigo.

3. *«Seguid lo bueno» (versículo 9)*. No es suficiente sentir repulsión por el mal; tenemos que seguir de manera activa al Señor y todo lo que es bueno. El amor de Dios siempre motiva lo que es bueno. Sigue el amor de Dios en tu corazón y deja que sea la guía para cada cosa que haces.

4. *«Amaos los unos a los otros con amor fraternal; en cuanto a honra, prefiriéndoos los unos a los otros» (versículo 10)*. Cuando amas a otros con amor fraternal, amar como amarías a un amado hermano o hermana, manifiestas ese amor honrándolos y poniendo sus necesidades antes que las tuyas. Ora: «Señor, ayúdame a considerar las necesidades de las otras personas, antes que las mías». La demostración del amor quiere decir que los demás no te son indiferentes.

5. *«En lo que requiere diligencia, no perezosos» (versículo 11)*. Esto significa ser diligentes en todo lo que hacemos, no solo ser diligentes a veces cuando tenemos ganas o cuando queremos. Significa amar a los demás todo el tiempo.

6. *«Fervientes en espíritu» (versículo 11)*. Ser ferviente en espíritu también significa ser ferviente en oración. Es ser apasionado con las cosas que le importan a Dios. Significa amar a los demás de manera ferviente y amar a Dios con pasión.

7. *«Sirviendo al Señor» (versículo 11)*. Piensa en todo lo que haces como un servicio a Dios, y eso incluye amar a los demás. Cree que porque amas tanto a Dios harás cualquier cosa por Él y todo para agradarlo, incluso amar a los antipáticos.

8. *«Constantes en la oración» (versículo 12)*. Orar todo el tiempo por todo es la manera de tener una vida de oración. Una de las cosas más importantes por las que oramos es por otras personas y sus necesidades. Esa es una de las cosas más amorosas que hacemos.

9. *«Compartiendo para las necesidades de los santos, practicando la hospitalidad» (versículo 13)*. Pídele a Dios que te muestre las necesidades de otros. Por supuesto, no puedes suplir todas las necesidades de cada persona, pero Dios sí puede hacerlo. Muestra el amor de Dios al dar de la manera en que puedas, según te guíe el Espíritu Santo, a fin de suplir las necesidades de la gente que te rodea.

10. *«Gozaos con los que se gozan» (versículo 15)*. Aun cuando todo ande mal en tu vida, y veas que la gente se alegra por cosas que tú has estado anhelando, alégrate con ella. Resiste cualquier tendencia a sentir envidia. Eso es lo contrario al amor.

11. «Llorad con los que lloran» (versículo 15). Hay mucha gente que sufre ahora mismo que debería ser bendecida con tu amor y compasión. Necesitan que les muestres empatía y que llores a su lado. Esa muestra de amor puede cambiar la vida de alguien.

12. «Si es posible, en cuanto dependa de vosotros, estad en paz con todos los hombres» (versículo 18). Haz todo lo posible para evitar ser ofensivo, difícil, divisivo o contencioso con otros. Pídele a Dios que te ayude a ser siempre pacífico, colaborador, amable y agradable.

La fe, la esperanza y el amor son duraderos. Sin embargo, el mayor de estos es el amor (1 Corintios 13:13). Eso es porque Dios es amor y Él es eterno. Cuando vayamos a estar con el Señor, ya no necesitaremos la fe ni la esperanza, porque lo veremos cara a cara. En lugar de eso, nos deleitaremos en el amor de Dios para siempre.

❦ EL PODER DE LA ORACIÓN ❧

Señor:

Te doy gracias porque eres el Dios de amor. Gracias por amarme incluso antes de que te conociera (Romanos 5:8). Gracias por enviar a tu Hijo, Jesús, a morir por mí y por poner en Él todo lo que yo merezco. Gracias, Jesús, por haberme dado vida contigo para siempre, y una mejor vida ahora. Tu amor me sana y me hace estar pleno. «Tú eres mi Señor; no hay para mí bien fuera de ti» (Salmo 16:2).

Sé que hay una gran dimensión de sanidad y plenitud que solo puede ocurrir en la presencia de tu amor. Permíteme estar dispuesto a que tu amor obre en mi vida como nunca antes. Límpiame con tu amor hoy. Llena mi corazón con tu amor, con una medida mayor, de modo que pueda ser la persona perfecta que quisiste que yo fuera.

Perfecciona tu amor en mí, ayudándome a amar a otras personas de la manera que tú las amas. Te pido que esté tan lleno de tu amor que fluya hacia otras personas de una manera que puedan percibirlo. Muéstrame las cosas amorosas que debo hacer en cada situación.

Estoy muy agradecido porque nada puede separarme de tu amor, sin importar hacia dónde vaya ni qué haga, ni siquiera mis defectos (Romanos 8:35-39). Gracias porque por tu amor soy más que vencedor (Romanos 8:37). Gracias, Señor, porque tu amor inagotable y misericordia me rodean, porque yo confío en ti (Salmo 32:10).

Todo esto te lo pido en el nombre de Jesús.

❦ EL PODER DE LA PALABRA ❦

Por lo cual estoy seguro de que ni la muerte,
ni la vida, ni ángeles, ni principados,
ni potestades, ni lo presente, ni lo por venir,
ni lo alto, ni lo profundo, ni ninguna otra
cosa creada nos podrá separar del amor
de Dios, que es en Cristo Jesús Señor nuestro.
ROMANOS 8:38-39

¿Quién nos separará del amor de Cristo?
¿Tribulación, o angustia, o persecución,
o hambre, o desnudez, o peligro, o espada?
ROMANOS 8:35

Pero Dios, que es rico en misericordia,
por su gran amor con que nos amó,
aun estando nosotros muertos en
pecados, nos dio vida juntamente con
Cristo (por gracia sois salvos),
y juntamente con él nos resucitó,
y asimismo nos hizo sentar en los lugares
celestiales con Cristo Jesús.
EFESIOS 2:4-6

Amados, amémonos unos a otros;
porque el amor es de Dios.
Todo aquel que ama, es nacido de Dios,
y conoce a Dios. El que no ama,
no ha conocido a Dios;
porque Dios es amor
1 JUAN 4:7-8

Amarás al Señor tu Dios con todo
tu corazón, y con toda tu alma,
y con toda tu mente.
MATEO 22:37

~∞ 16 ∞~

PON TU ESPERANZA
EN EL SEÑOR

~~~∞~~~

Antes pensaba que la esperanza era algo que solo le ocurría a la gente, como tener ojos azules o castaños en el conjunto genético. O como ganarse la lotería. Algunas personas la tienen y otras no. Yo no la tenía. Fingía que la tenía, siempre y cuando me las arreglara, pero nada marchaba bien. Así que transferí cualquier esperanza que tuviera a la suerte, porque las posibilidades parecían mejores. Sin embargo, eso tampoco dio resultado. Mi suerte se acabó muy temprano. Sabía que me encontraba al final de tratar de resolver las cosas por mi cuenta y no tenía a otra persona en la cual confiar. Cuando recuerdo la desesperanza que sentí justo antes de llegar a ser creyente, es un milagro que la hubiera superado. Alguien tuvo que haber estado orando por mí.

Cuando me convertí en creyente, sabía que mi vida ya no dependía de la suerte. A pesar de eso, todavía me sentía impotente en cuanto a muchas cosas, como casarme alguna vez con un hombre piadoso y fiel, llegar alguna vez a ser alguien o hacer algo significativo. No fue hasta que leí acerca de la esperanza en la Biblia que descubrí que la esperanza es una decisión que tomamos. *Nosotros* decidimos si tenemos esperanza o no. *Nosotros* tomamos la decisión de darle lugar a la desesperanza. *Nosotros* somos los que reconocemos que esa esperanza está dentro de nosotros en la forma del Espíritu Santo.

Pablo oró para que el Espíritu de esperanza llenara a los creyentes de gozo y paz, a fin de que abundaran «en esperanza por el poder del Espíritu Santo» (Romanos 15:13). También dijo que debido a que el Espíritu Santo había llenado nuestros corazones con el amor de Dios, nunca deberíamos decepcionarnos al poner nuestra esperanza en Él (Romanos 5:5). Eso significa que *siempre* tenemos esperanza, pues el Espíritu Santo *en* nosotros es una garantía de que tenemos acceso al Dios de lo imposible. Podemos *decidir* tener esperanza, sin importar lo que esté pasando en nuestra vida, porque nuestras esperanzas están en Él.

Cómo evitas el sufrimiento del síndrome de esperanza demorada

Esperanza significa que anticipas que ocurra algo bueno. No obstante, cuando el tiempo pasa y parece que lo que has esperado nunca ocurrirá, tu corazón puede sufrir. «La esperanza que se demora es tormento del corazón; pero árbol de vida es el deseo cumplido» (Proverbios 13:12). No podemos vivir con un corazón que sufre de manera crónica. Necesitamos el árbol de vida. Cuando estamos atascados en la desesperanza, la decepción y la angustia, no podemos vivir en la libertad, la plenitud y el verdadero éxito que Dios tiene para nosotros. Un corazón destrozado allana el camino para una vida destrozada, una vida que no marcha bien.

Cree en Dios

Lo primero que tenemos que hacer para evitar la desesperanza es tomar la decisión de creer en Dios. Tenemos que decirnos que ponemos nuestra esperanza en el Señor. Tenemos que requerirlo de nosotros mismos. Tenemos que decidir confiar en Dios. Esto es cierto en especial cuando esperamos ver cambios en otras personas. Oramos y oramos, pero todavía ejercen su propia voluntad al negarse a escuchar que Dios habla a sus corazones. Tenemos que obligarnos a quitar nuestros ojos de esa persona y situación y ponerlos en el Señor. Tenemos que poner nuestra esperanza en Él y saber que Él está a cargo. Eso no quiere decir que dejemos de orar. Significa que cada vez que oramos, confiamos en que Dios escucha y responderá a su manera y a su tiempo.

Sé que esto es duro, pero es la única manera de tener paz en tu vida. Tu felicidad no puede depender de otra persona, aunque estés casado. Depende de Dios. Tu esperanza y expectativa deben estar en Él.

Esperanza significa desear algo con la expectativa de obtenerlo. Cuando ponemos nuestra confianza en el Señor, tenemos la expectativa de que Él se hará evidente por nosotros. «Pero si esperamos lo que no vemos, con paciencia lo aguardamos» (Romanos 8:25). Podemos perseverar en esperanza porque creemos en Dios.

Pablo les habló a los hebreos de esta esperanza «segura y firme ancla del alma» (Hebreos 6:19). No podemos tener esa sensación de que nuestra alma está anclada, sobre todo cuando estamos en medio de una tormenta, si no tenemos nuestra esperanza en el Señor. También dice que deberíamos estar «gozosos en la esperanza» (Romanos 12:12). Gozarse en la esperanza es una decisión que tomamos en vista de una oración no respondida. Seamos realistas, esto se debe a que podemos llegar a estar desesperanzados cuando nuestras oraciones no se han respondido.

Lee la Palabra de Dios

Lo segundo que tenemos que hacer para evitar la desesperanza es leer la Palabra de Dios. «Porque las cosas que se escribieron antes, para nuestra enseñanza se escribieron, a fin de que por la paciencia y la consolación de las Escrituras, tengamos esperanza» (Romanos 15:4). Si no tenemos esperanza en nuestro corazón, estamos escuchando las mentiras del enemigo, viendo nuestras circunstancias o confiando en nuestros temores y dudas. Necesitamos la verdad de Dios para evitar esas cosas. Debido a que uno de los propósitos de la Biblia es darnos esperanza, debemos decir a sabiendas: «Señor, espero en tu Palabra» (Salmo 119:81).

Pedro dijo: «Santificad a Dios el Señor en vuestros corazones, y estad siempre preparados para presentar defensa con mansedumbre y reverencia ante todo el que os demande razón de la esperanza que hay en vosotros» (1 Pedro 3:15). No podemos dar razón de la esperanza que hay en nosotros si estamos desesperanzados. Si nos sentimos sin esperanzas, nuestra esperanza no está en el Señor ni en su Palabra. La gente que es feliz es la que pone su esperanza en Él, incluso en vista de oraciones no respondidas (Salmo 146:5).

La esperanza no es algo insignificante

A veces, las cosas pequeñas determinan cómo funcionará algo en nuestras vidas. Dios quiere que seamos diligentes en las cosas pequeñas, así como en las grandes. Esta es una reflexión del carácter en lo que respecta a Dios. «El que es fiel en lo muy poco, también en lo más es fiel; y el que en lo muy poco es injusto, también en lo más es injusto» (Lucas 16:10). Las cosas pequeñas pueden arruinarlo todo. A menudo, la gente se preocupa de las cosas grandes y hace las pequeñas a un lado, pero Dios lo considera todo importante. Podría parecer como que alguna cosa pequeña te hiciera sentir desesperanzado, pero enseguida puede convertirse en algo grande. La esperanza es algo muy grande en tu vida, y le añade a tu verdadero éxito más de lo que podrías pensar. No salgas de casa sin ella. En realidad, tampoco te *quedes* en casa sin ella.

Pon tu esperanza en Dios y no en tus propias fuerzas

Dios elige lo débil y pequeño para avergonzar a lo fuerte (1 Corintios 1.27). Todos tenemos debilidades, pero el Señor dice que tu debilidad puede ser tu fortaleza final. Eso es porque quiere mostrarse fuerte en tu debilidad y usarlo para su gloria. Esto lo hace porque no le gusta que *nosotros* nos atribuyamos el crédito de lo que *hace Él*. Dios usa nuestra debilidad para su propósito a fin de que sepamos que *Él* es quien lo hace y no nosotros.

Cuando se trata de tu propia debilidad, sométela a Dios. Dile que sabes que *su* poder que obra en ti es lo que hará que sucedan las cosas. Considera tu debilidad una bendición, pues Dios puede hacer algo grande por medio de ti. Además, eso te da una buena razón para esperar.

Dios es tu esperanza. Si esperas en tus talentos, habilidades o esfuerzos, no tienes manera de superar tus límites. Sin embargo, cuando tu esperanza está en el Dios de lo imposible, cualquier cosa es posible en tu vida, incluso lograr cosas más allá de tus propias habilidades.

Cuando te sientas desesperanzado por algo en tu vida, pídele a Dios que vuelva a encender tu esperanza en Él y en su capacidad de hacer lo imposible. Cuando tengas esperanza en el Señor, tendrás gozo en tu corazón. «La esperanza de los justos es alegría» (Proverbios 10:28).

Cuando Dios está en el trono, el enemigo no puede ganar. Cuando Dios está en el trono, gobierna la esperanza.

✆ EL PODER DE LA ORACIÓN ✆

Señor:

Dependo por completo de ti. En ti pongo toda mi esperanza y mis expectativas. No importa lo que pase, «yo esperaré siempre, y te alabaré más y más» (Salmo 71:14). Ayúdame a llegar a ser un prisionero de esperanza (Zacarías 9:12). Sé que no tengo esperanza sin ti, Señor (Efesios 2:12), por lo que mi esperanza está completamente en ti (Salmo 39:7). «Porque tú, oh Señor Jehová, eres mi esperanza, seguridad mía desde mi juventud» (Salmo 71:5).

En los momentos en que me siento tentado a sentirme desesperanzado, sobre todo cuando no veo respuestas a mis oraciones por mucho tiempo y me desanimo, ayúdame a poner mis ojos otra vez en ti. Permíteme poner a fin a todos los sentimientos de desesperanza en mi vida. Ayúdame a ver que no son verdaderos y solo tu Palabra es verdadera. Cuando oro por una persona o una situación y no veo los cambios, ayúdame a no poner mi esperanza en la oración no respondida, sino a poner mi esperanza en ti, el que responde mis oraciones. Cuando he puesto mi esperanza y expectativa en la gente o circunstancias, lo confieso como falta de fe en ti y tu Palabra. Ayúdame a dejar de hacerlo y a comenzar a poner mi esperanza y expectativas en ti.

Tu Palabra y tus promesas me consuelan. En tu presencia mi corazón ha encontrado un hogar. Confío en ti, el Dios de esperanza, que me ha dado todas las razones para tener esperanza. Ayúdame a darme cuenta de que tener esperanza es un gran asunto y que es un indicador claro de la condición de mi corazón. Ayúdame a rechazar siempre la desesperanza y a decidir esperar en ti.

Todo esto te lo pido en el nombre de Jesús.

❧ EL PODER DE LA PALABRA ❧

He aquí el ojo de Jehová sobre los
que le temen, sobre los que esperan
en su misericordia.
SALMO 33:18

Y la esperanza no avergüenza; porque el
amor de Dios ha sido derramado en
nuestros corazones por el Espíritu
Santo que nos fue dado.
ROMANOS 5:5

Espere Israel a Jehová, porque en
Jehová hay misericordia,
y abundante redención con él.
SALMO 130:7

Bienaventurado aquel cuyo ayudador
es el Dios de Jacob, cuya esperanza
está en Jehová su Dios.
SALMO 146:5

Y el Dios de esperanza os llene de todo
gozo y paz en el creer, para que abundéis
en esperanza por el poder
del Espíritu Santo.
ROMANOS 15:13

~ 17 ~

DA A LA MANERA DE DIOS... A ÉL Y A OTROS

〜〜〜〜

El dar es un aspecto importante para tener verdadero éxito en la vida. Creo que es una ley natural eso de que «el alma generosa será prosperada, y el que saciare, él también será saciado» (Proverbios 11:25). He visto que esto es cierto entre creyentes y no creyentes por igual. Cuando la gente da, algo está dispuesto y en condiciones de funcionar en sus vidas, y hay bendiciones para ellos. Sin embargo, lo es aun más para un creyente.

Cuando Jesús les enseñaba a los creyentes cómo vivir, dijo: «Dad, y se os dará; medida buena, apretada, remecida y rebosando darán en vuestro regazo; porque con la misma medida con que medís, os volverán a medir» (Lucas 6:38). La garantía aquí es que cuando los creyentes dan, les regresa a ellos medida por medida.

Hay dos maneras de dar. Una es darle a Dios. La otra es darle a los que tienen necesidad, como *si* le estuvieras dando a Dios.

Dale a Dios porque Él te da mucho

Al haber crecido pobre, siempre tenía miedo de no tener suficiente comida o un lugar seguro donde vivir. Como resultado, comencé a trabajar tan pronto como pude. Empecé a cuidar niños cuando tenía doce años y, luego, conseguí un trabajo de verdad cuando tenía dieciséis. Desde entonces siempre tuve por lo menos un trabajo y a veces dos, incluso cuando estaba a tiempo completo en la universidad.

Cuando recibí al Señor y comencé a asistir a la iglesia, ponía dinero en el plato de la ofrenda, según lo que tenía conmigo. A medida que crecía más en la Palabra, llegaba a ver que darle a Dios es *devolverle* en verdad a Dios lo que me ha dado. Era un paso de obediencia a Él, una manera de agradarlo. Dios nos pide que lo probemos y que veamos si Él no es fiel para derramar sus bendiciones en nosotros y darnos todo lo que necesitemos (Malaquías 3:10).

Fue un paso difícil aprender a darle a Dios, hasta que superé el miedo de quedarme sin casa y de morirme de hambre. En realidad, es cuestión de cuánto confiamos en Dios a fin de que provea para nosotros.

Cuando Jesús dijo: «Mas buscad primeramente el reino de Dios y su justicia, y todas estas cosas os serán añadidas», estaba hablando de comida, ropa y dinero (Mateo 6:25-34). Estaba diciendo que no nos preocupáramos por estas cosas, sino que buscáramos a Dios y sus caminos. Uno de sus caminos es dar. Si le robamos a Dios lo que Él quiere de nosotros, nos estamos robando a nosotros mismos de todo lo que quiere darnos (Malaquías 3:8-11).

No me refiero solo al dinero aquí, pero comencemos con eso. Dios tiene requerimientos para nosotros en cuanto al dinero, a los que tenemos que adherirnos cuando le damos a Él. Y cuando le damos a Dios para el avance de su reino en la tierra, algo se libera para nosotros. Es como si un almacén gigante en el cielo se abriera y las riquezas se derramaran en nuestras vidas. En realidad, Dios abre «las ventanas de los cielos» y derrama tales bendiciones sobre nosotros «hasta que sobreabunde» (Malaquías 3:10).

Cuando le damos a Dios, Él no permite que el devorador destruya nuestras vidas (Malaquías 3:11). Quizá no sea ese bloque de oro sólido ni un paquete de billetes de cien dólares lo que caiga en nuestra cabeza, pero podría ser que no nos enfermemos, que las cosas no se descompongan, que encontremos un lugar donde vivir por buen precio o que nos ofrezcan un mejor trabajo. Todo lo que le damos a Dios se convierte en una vida mejor para nosotros aquí en la tierra. Recuerda que todas las leyes de Dios son para nuestro beneficio. Dar un diezmo de lo que tenemos a Dios es para su propósito, pero resulta ser también para nuestro beneficio.

Dios es feliz cuando damos y Él también quiere que *nosotros* seamos felices al hacerlo. Él quiere que demos por el gozo de dar (Mateo 6:1-4). Su Palabra dice: «El que siembra escasamente, también segará escasamente; y el que siembra generosamente, generosamente también segará. Cada uno dé como propuso en su corazón: no con tristeza, ni por necesidad, porque Dios ama al dador alegre» (2 Corintios 9:6-7). Él quiere que demos con liberalidad y que tengamos una buena actitud en cuanto a eso. Cuando lo hagamos, Él hará lo mismo por nosotros.

Pídele a Dios que te ayude a darle de la manera en que Él quiere que lo hagas. Pídele que te dirija en este paso de obediencia. Es una parte importante de poder recibir todo lo que tiene para ti.

Dales a los que tienen necesidad

Nuestra felicidad se relaciona con nuestra propia generosidad. «El ojo misericordioso será bendito, porque dio de su pan al indigente» (Proverbios 22:9). La gente que tiene un ojo generoso busca a los que tienen necesidad. Procura ver a quién ayudar y cómo puede hacerlo. Y en el proceso, Dios la recompensa.

Jesús es la luz del mundo. Cuando lo recibimos, su luz vive en nosotros y brilla a través de nosotros. Otros ven esa luz en nosotros y se sienten atraídos hacia ella, aunque no sepan lo que es. «Porque Dios, que mandó que de las tinieblas resplandeciese la luz, es el que resplandeció en nuestros corazones, para iluminación del conocimiento de la gloria de Dios en la faz de Jesucristo» (2 Corintios 4:6).

Cuando no les damos a los demás, no permitimos que la luz del Señor se revele por completo en nosotros. La cubrimos como si estuviéramos bajando las persianas para restringir la luz. La luz todavía está allí; solo que no puede verse resplandeciendo. Sin embargo, podemos pedirle a Dios que nos ayude a dar para que su luz brille a otros a través de nosotros.

No tenemos que ser renuentes para dar. En cuanto al pobre, la Biblia dice: «Sin falta le darás, y no serás de mezquino corazón cuando le des; porque por ello te bendecirá Jehová tu Dios en todos tus hechos, y en todo lo que emprendas» (Deuteronomio 15:10). Dios bendice nuestro trabajo cuando les damos a los que están en necesidad. En cuanto al dador, la Biblia dice: «Hay quienes reparten, y les es añadido más; y hay quienes retienen más de lo que es justo, pero vienen a pobreza» (Proverbios 11:24). Cuando damos, tenemos más; cuando no damos, tenemos menos.

El dar no se trata solo de dinero. Se trata de dar lo que se necesita. Si no das dinero, puedes dar tu tiempo para llevar a otros a donde quieren ir, a llevarles algo que necesitan o hacer algo que ellos mismos no pueden hacer bien. Hay muchas maneras de suplir las necesidades de los demás si solo le pides a Dios que te lo muestre. Da a otras personas sin esperar nada a cambio. Mantén el enfoque en dar para agradar a Dios.

Me he dado cuenta de que cuando necesito un cambio radical o alivio en mi vida, reviso si hay maneras en las que debería estar dándoles a los demás. Tal vez tenga algo que necesitan o hay algo que puedo hacer o decir que los ayudará o ser un estímulo. No sientas nunca que no tienes nada que dar, porque eso no es cierto. Tienes al Señor, que es la fuente de tu abastecimiento. Uno de los mayores regalos que alguien me dio alguna vez fue la promesa de orar por mí. Eso fue más valioso para mí que cualquier cosa. También les he dado ese mismo regalo a otros. Y me he dado cuenta que hasta los que no conocen al Señor todavía se ponen sorprendentemente felices al recibir la oración.

Hay mucho que puedes darles a los demás. Pídele a Dios que te lo muestre. Dile: «Señor, ¿a quién puedo darle algo hoy? Muéstrame lo que debo dar». Mientras más des, según te dirija el Señor, más se libera todo lo que Dios tiene para ti.

❧ EL PODER DE LA ORACIÓN ☙

Señor:

Enséñame a darte con una actitud alegre. Ayúdame a ser diligente en este paso de obediencia. No quiero robarte nunca; solo quiero bendecirte. Ayúdame a darte como quieres tú. Enséñale a mi corazón a que te devuelva de todo lo que me has dado. Ayúdame a rechazar el temor de no tener suficiente. Cuando tenga miedo, ayúdame a poner mi confianza en ti. Tú eres mayor que cualquier necesidad que yo pueda enfrentar.

Ayúdame a tener un «alma generosa» y un «ojo misericordioso» (Proverbios 11:25; 22:9). Muéstrame maneras específicas en las que puedo darles a los demás. Revélame sus necesidades y cómo puedo suplirlas. Muéstrame lo que quieres que dé y a quién se lo dé. Quiero que tu Espíritu me guíe y que sepa que lo que doy es agradable a ti. Sé que tú bendices a la persona que te da y que les da a los que tienen necesidad. No quiero detener el flujo de tus bendiciones en mi vida al no dar cuando debería hacerlo. Estoy agradecido por todo lo que me has dado, pero te pido que no dé solo para recibir, sino que solo dé para agradarte.

Ayúdame a entender la liberación que ocurre en mi vida cuando doy, de modo que pueda soltar las cosas. Ayúdame a no olvidarme «de hacer bien y de la ayuda mutua», porque sé que con esos sacrificios tú te agradas (Hebreos 13:16). Ayúdame a dar y, por lo tanto, a tener tesoros en el cielo que no se agoten, pues sé que donde está mi tesoro, allí estará también mi corazón (Lucas 12:33-34).

Todo esto te lo pido en el nombre de Jesús.

❧ EL PODER DE LA PALABRA ❧

Bienaventurado el que piensa en el pobre;
en el día del mal el SEÑOR lo librará.
El SEÑOR lo protegerá y lo mantendrá
con vida, y será bienaventurado sobre la tierra;
y no lo entregarás a la voluntad de sus
enemigos. El SEÑOR lo sostendrá en su
lecho de enfermo; en su enfermedad,
restaurarás su salud.
SALMO 41:1-3, LBLA

El alma generosa será prosperada; y el
que saciare, él también será saciado.
PROVERBIOS 11:25

Traed todos los diezmos al alfolí y haya
alimento en mi casa; y probadme ahora
en esto, dice Jehová de los ejércitos, si no
os abriré las ventanas de los cielos,
y derramaré sobre vosotros bendición
hasta que sobreabunde.
MALAQUÍAS 3:10

Jesús le dijo: Si quieres ser perfecto,
anda, vende lo que tienes,
y dalo a los pobres, y tendrás
tesoro en el cielo; y ven y sígueme.
MATEO 19:21

A los ricos de este siglo manda que
no sean altivos, ni pongan la
esperanza en las riquezas, las cuales
son inciertas, sino en el Dios vivo,
que nos da todas las cosas en
abundancia para que las disfrutemos.
Que hagan bien, que sean ricos
en buenas obras, dadivosos, generosos;
atesorando para sí buen fundamento
para lo por venir, que echen
mano de la vida eterna.
1 TIMOTEO 6:17-19

~ 18 ~

TOMA EL CONTROL DE TUS PENSAMIENTOS

~~~~~~

Antes pensaba que mis pensamientos eran algo que solo se me ocurrían a mí, como si volaran hacia mi mente como aves a un árbol y que yo no podía controlarlos. No fue hasta que recibí al Señor y vi que la Biblia enseña acerca del asunto, que me di cuenta que podemos *tomar el control* de nuestros pensamientos. Es más, se nos instruye a que lo hagamos.

Es posible que no puedas controlar cada pensamiento que vuela hacia tu mente, pero *puedes* controlar cuánto tiempo permanece allí. Puedes decidir si ese pensamiento solo está de paso o si está anidando. Tus pensamientos influyen en toda tu vida. Por eso es que debes tomar el control de ellos y no permitir que cualquier idea tonta te controle.

Los pensamientos que caen en esa categoría pueden ser atormentadores. *Siempre fracaso en todo lo que hago. Sé que también fracasaré en esto.* Pueden estar basados en mentiras. *Nadie me quiere. Ni siquiera Dios me quiere.* Pueden causar amargura. *Todavía estoy resentido por lo que me hizo esa persona. Quisiera que sufrieran así como me han hecho sufrir.* Pueden ser inmorales. *Sé que esa persona está casada, pero no puedo dejar de pensar en ella todo el tiempo.* O pueden ser malos por completo. *Podría tener una aventura con esa persona y mi esposo (esposa) nunca tendría que saberlo.*

La definición de pensamientos de poco juicio es «fastidiosamente tonto y superficial», y créeme, esa es con exactitud la manera en que vemos esa clase de pensamientos cuando nos liberamos de ellos. Permitimos que pensamientos como estos nos dominen por nuestra falta de integridad. El quebranto de nuestra alma puede crear el ambiente perfecto en el que pueden prosperar. Cuando nos liberamos, esos pensamientos ya no se reciben bien.

El enemigo de tu alma hará cualquier cosa que sea necesaria para meterse en tu mente con mentiras. Plantará un pensamiento, un temor, una sospecha o una idea equivocada, y te atormentará con eso. Tiene el propósito de desgastarte. Y da resultado. Tenemos que aprender a reconocer su engaño antes de que podamos refutarlo y resistirlo.

La única manera de luchar con sus mentiras es con la verdad de la Palabra. «La noche está avanzada, y se acerca el día. Desechemos, pues, las obras de las tinieblas, y vistámonos las armas de la luz» (Romanos 13:12). Podemos ponernos la armadura de la luz al hablar la Palabra de Dios en voz alta. Podemos orar en voz alta utilizando las Escrituras en nuestras oraciones. Y podemos hablar y cantar palabras de adoración y alabanza al Señor.

Es algo peligroso dejar que nuestros pensamientos vayan a donde puedan llevarnos. «Extendí mis manos todo el día a pueblo rebelde, el cual anda por camino no bueno, en pos de sus pensamientos» (Isaías 65:2). No queremos ser rebeldes con Dios al ir a donde nos llevan nuestros pensamientos. Tenemos control sobre ellos. Podemos preguntarnos: *¿Qué estoy dejando entrar a mi mente? ¿Cuál es el fruto de los pensamientos que estoy pensando? ¿Producen mis pensamientos resultados positivos y edificantes? ¿O*

me hacen sentir mal, triste, ansioso, temeroso, deprimido o enojado?
¿Son estos pensamientos del Señor? ¿O parecen más como algo que
viene del enemigo? Cuando tienes la Palabra de Dios en tu mente,
reconocerás cualquier cosa que no esté en línea con ella.

Siempre puedes cambiar tu mente

Pablo les dijo a los corintios: «Pero temo que como la
serpiente con su astucia engañó a Eva, vuestros sentidos sean
de alguna manera extraviados de la sincera fidelidad a Cristo»
(2 Corintios 11:3). Cuando las cosas comienzan a ponerse
confusas o vagas, o tu mente está ansiosa, temerosa, llena de
dudas, estresada o abrumada, eso no es del Señor. Nunca lo es.
La sencillez en Cristo es muy clara, positiva, pacífica, llena de fe
y tranquila. No te conformes con nada menos. «Dios no es Dios
de confusión, sino de paz» (1 Corintios 14:33).

Tu mente puede renovarse. Pablo les dijo a los efesios: «En
cuanto a la pasada manera de vivir, despojaos del viejo hombre,
que está viciado conforme a los deseos engañosos, y renovaos en
el espíritu de vuestra mente» (Efesios 4:22-23). *Nosotros* podemos
decidir despojarnos de las maneras equivocadas de pensar y
actuar, el viejo ser que atrae el engaño y la lascivia como un imán,
y renovar a propósito nuestra mente. Podemos vestirnos «del
nuevo hombre, creado según Dios en la justicia y santidad de la
verdad» (Efesios 4:24). Podemos rechazar cualquier otro espíritu
en nuestra mente que no sea el Espíritu Santo.

Así que, contrario a lo que solía creer, cuando nuestros
pensamientos comienzan a volar hacia el sur, podemos detener
la migración y protestar. (¡Perdón!) Tenemos que decir: «No,
esto no está ocurriendo mientras yo tenga el control». Y eso lo
podemos hacer porque tenemos al Espíritu Santo en nosotros.
Podemos poner al Espíritu Santo a cargo de nuestra mente.
Podemos rechazar al espíritu de depresión o duda. Podemos
rechazar al espíritu de temor. Esos pensamientos vienen del
enemigo de nuestra alma.

Mientras más conoces a Dios, al leer su Palabra y pasar tiempo con Él en oración y adoración, más puedes discernir los pensamientos que son suyos y los que son de tu carne o del enemigo. Por ejemplo, si te encuentras pensando un pensamiento como: *Estaría mejor muerto*, podrás reconocer que no es Dios el que te está dando revelación para tu vida.

Esto no significa que niegues tener pensamientos indeseables o equivocados. Tampoco deberías presionarlos ni reprimirlos. Es necesario examinar lo que está pasando en tu mente a la luz de las Escrituras, a fin de ver si tus pensamientos están alineados con lo que Dios dice en su Palabra.

Todos tenemos que llegar a ser buenos en resistir los malos pensamientos. Soy un blanco del ataque del enemigo en mi mente, al igual que cualquier otra persona. En cada libro que he escrito, más de cincuenta ahora, el enemigo ha venido y me ha dicho: «No puedes hacer esto». «Nunca lo terminarás». «Este es el último libro que escribirás». Al principio, solía tolerar esos pensamientos por un momento, antes de resolver lo que estaba pasando. Luego, comencé a reconocer el mismo patrón. Ahora, cuando me vienen esos pensamientos de duda, digo: «Es cierto. No puedo escribir este libro. No hay manera de que pueda terminarlo. Y este será el último libro que escriba si le doy mi espalda a Dios. Sin embargo, eso no va a ocurrir. Dependo por completo del Señor para que me ayude a escribir este libro. Y si alguna vez escribo otro, eso depende en su totalidad de Él. Aun así, tengo la mente de Cristo y puedo hacer todas las cosas por medio de Cristo que me fortalece. Gracias por acordármelo. Y ahora, te acuso con mi Padre celestial».

Entonces voy ante Dios y digo: «Señor, gracias porque tú me has dado autoridad sobre todo el poder del enemigo. Rechazo los planes del enemigo para atormentarme con pensamientos de temor, fracaso, duda y depresión. Gracias por darme la mente de Cristo. Me doy cuenta por completo que por mí misma no puedo escribir este libro. Dependo de ti para que me inspires, me guíes, me des revelación y me permitas hacer más allá de lo que puedo hacer por mi cuenta. Te doy este libro y te pido que hables por medio de mí para que logre el propósito que tienes para él».

La verdad es que tus pensamientos servirán a tu carne, al enemigo o al Señor. Y la decisión es tuya. Pablo dijo que el mal hacía que su carne luchara con su mente. Preguntó quién podría liberarlo de esto y después respondió su propia pregunta al decir: «Gracias doy a Dios, por Jesucristo Señor nuestro. Así que, yo mismo con la mente sirvo a la ley de Dios, mas con la carne a la ley del pecado» (Romanos 7:25). Jesús es el Libertador que nos rescata de nuestros propios pensamientos impíos.

Gracias a Jesús, ¡puedes cambiar tu mente!

Glorifica a Dios en tu mente

La mente carnal es controlada por nuestra carne. Es enemiga de Dios porque no quiere obedecerlo. Si estamos en la carne, dejando que nuestros pensamientos carnales controlen nuestra mente, no «podemos agradar a Dios» (Romanos 8:8). Créeme, no quieres vivir de una manera que no agrade a Dios. Esto alejará las bendiciones que Él tiene para ti y retardará lo que ha planificado para tu vida.

Nuestros pensamientos carnales impedirán que glorifiquemos a Dios. «Pues habiendo conocido a Dios, no le glorificaron como a Dios, ni le dieron gracias, sino que se envanecieron en sus razonamientos, y su necio corazón fue entenebrecido» (Romanos 1:21). El único remedio seguro para eso es adorar a Dios, porque la adoración siempre fluirá en tu mente y corazón con luz. Alaba a Jesús debido a que por Él y por el poder del Espíritu Santo puedes ser libre de pensamientos impíos que no solo dañan el alma, sino que entorpecen todo lo que Dios tiene para ti.

No importa cuán fuerte seas en el Señor, el enemigo siempre intentará hacerte creer una mentira. La única manera en que obtiene poder sobre alguien es mintiendo. El enemigo vendrá a decir que «eres un fracaso», que «no hay salida», que «las cosas nunca cambiarán», que «Dios no se interesa en ti», y así sucesivamente. No aceptes como verdad las mentiras que te da el enemigo. Pregúntate: «¿Son mis pensamientos contrarios a la Palabra de Dios?». El pecado comienza con un pensamiento en la mente (Marcos 7:21-22). La gente no *cae* en una relación adúltera. Comienza en la mente. Y ese es el lugar para detenerla. Cuando tienes pensamientos que te atormentan, o pensamientos que sabes que no son del Señor, haz lo que dice la Biblia y solo piensa en «*todo lo que es verdadero, todo lo honesto, todo lo justo, todo lo puro, todo lo amable, todo lo que es de buen nombre*» (Filipenses 4:8, énfasis añadido). Pídele a Dios que te ayude a expulsar «argumentos y toda altivez que se levanta contra el conocimiento de Dios» y a llevar «cautivo todo pensamiento a la obediencia a Cristo» (2 Corintios 10:5).

La libertad, la plenitud y el verdadero éxito no pueden lograrse a menos que los pensamientos de tu mente estén alineados con la verdad de la Palabra de Dios.

⤙ EL PODER DE LA ORACIÓN ⤚

Señor:

Ayúdame a expulsar cualquier pensamiento que tenga que no te glorifique. Permíteme llevar cautivos mis pensamientos y obediencia a ti y a tus caminos. Sé que eres tú el «que pruebas a los justos, que ves los pensamientos y el corazón» (Jeremías 20:12). Muéstrame lo que hay en mi mente y corazón que no sea agradable a ti. Revélame cualquier mentira del enemigo que haya acepado como verdad. «Escudríñame, oh Jehová, y pruébame; examina mis íntimos pensamientos y mi corazón» (Salmo 26:2). Ayúdame a vivir con el amor, el poder y la mente sana que me has dado.

Enséñame la verdad de tu Palabra, tan bien que reconozca la mentira en el momento que se presente. Sé que no puedo moverme hacia todo lo que tienes para mí si creo las mentiras acerca de mí, de mis circunstancias o de ti. Ayúdame a silenciar la voz del enemigo hablando tu verdad. Dame claridad de pensamiento de modo que sustituya cualquier confusión. Te pido que cuando lea tu Palabra, discierna mis «pensamientos y las intenciones del corazón» (Hebreos 4:12).

Permíteme decidir este día llenar mi mente con lo mejor, no lo peor; con lo bello, no lo feo; con cosas con las que pueda alabarte, no con cosas con las que maldiga (Filipenses 4:8). Ayúdame a pensar bien y a no soñar ni fantasear. Ayúdame a no considerar pensamientos de resentimiento en contra de alguien, ni a darle vueltas a lo que ocurrió en el pasado. Te pido que tu paz, que sobrepasa todo entendimiento, guarde mi corazón y pensamientos en Jesús, mi Señor (Filipenses 4:7).

Todo esto te lo pido en el nombre de Jesús.

❧ EL PODER DE LA PALABRA ❧

No os conforméis a este siglo, sino
transformaos por medio de la renovación
de vuestro entendimiento, para que
comprobéis cuál sea la buena voluntad
de Dios, agradable y perfecta.
ROMANOS 12:2

Tú guardarás en completa paz a aquel cuyo
pensamiento en ti persevera;
porque en ti ha confiado.
ISAÍAS 26:3

Esto, pues, digo y requiero en
el Señor: que ya no andéis como
los otros gentiles, que andan en la
vanidad de su mente, teniendo
el entendimiento entenebrecido,
ajenos de la vida de Dios por la
ignorancia que en ellos hay,
por la dureza de su corazón.
EFESIOS 4:17-18

Porque el ocuparse de la carne
es muerte, pero el ocuparse del
Espíritu es vida y paz.
ROMANOS 8:6

Haya, pues, en vosotros este sentir
que hubo también en Cristo Jesús.
FILIPENSES 2:5

❧ 19 ❧

Rechaza las
emociones negativas

A Dios le interesan tus sentimientos y emociones. No quiere que te controlen. La Biblia dice de Dios que «Él sana a los quebrantados de corazón, y venda sus heridas» (Salmo 147:3). Él no quiere que solo encuentres una manera de sobrellevar las emociones negativas que menoscaban tu vida. Quiere que te liberes por completo de ellas de modo que puedas llegar a ser la persona plena que Él quiere que seas.

Cuando sufrimos, somos frágiles en lo emocional, no tenemos plenitud. Tener plenitud significa tener paz en cuanto a lo que eres y en cuanto a lo que haces. Significa llegar a tener paz respecto a tu pasado y darte cuenta de que ya no tienes que vivir más allá. Para eso se necesita reconocer y aceptar los aspectos positivos de las mismas y llegar a un acuerdo con las partes preocupantes, decepcionantes o perjudiciales de estas. La plenitud también significa tener paz en cuanto a tu condición actual, aunque sientas que todavía no es buena, porque confías en que Dios la arreglará. También significa tener paz en cuanto a tu futuro, sin importar lo aterrador que parezca. Es confiar en que si le rendiste tu vida al Señor, tu futuro está en sus manos. Confías en que estás alineado con la voluntad de Dios y en su propósito para tu vida, y tienes una alegría interna al saber eso. Cuando puedas mantener esa paz, dejarás de luchar con las emociones negativas y encontrarás la libertad, la plenitud y el verdadero éxito que deseas.

¿Por qué me duele todavía?

La cantidad de dolor y quebrantamiento que experimentaste en tu pasado determinará cuánta sanidad necesitas ahora para tener la plenitud. No importa las cosas terribles por las que hayas pasado, la edad que tenías cuando te sucedieron, la edad que tienes ahora, ni cuánto de tu vida pasaste viviendo de la manera equivocada como reacción a eso, aun puedes liberarte de las emociones negativas. Esa clase de libertad no puede encontrarse fuera del amor de Dios. Él es el único con el poder para hacer una total obra de sanidad emocional en ti.

Tienes que saber, ante todo, que no tienes que vivir con dolor emocional crónico ni con emociones negativas. No tienes que sufrir siempre. Sé esto porque viví con esos sentimientos todos los días de mi vida por más de treinta años. Recuerdo que me sentía deprimida, ansiosa, con miedo, con dolor, sin esperanza, sin amor, rechazada y perturbada desde que tengo memoria. Sin embargo, Dios me liberó de todas esas cosas, una por una. ¿Ya no tengo ninguna de esas emociones? Sí, algunas, pero no todas. Ya no siento que me rechazan ni que no me aman, porque siento que Dios me ama y me acepta. Me puedo sentir deprimida cuando ocurren cosas deprimentes, y ansiosa o con miedo por cosas aterradoras que pasan a mi alrededor, pero ya no me quedo allí. Le llevo esos sentimientos a Dios y Él me libera de ellos.

Si yo puedo liberarme de emociones negativas, tú también. Nunca es demasiado tarde para liberarse. La liberación no significa que nunca tendrás otro problema ni que jamás volverás a sentir temor, depresión o ansiedad. A pesar de eso, cuando pasan cosas dolorosas, estas cosas no controlan tu vida.

A fin de liberarte de las emociones negativas tienes que tomar el control y decir: «No voy a vivir mi vida con dolor y quebrantamiento. Dios me ha dado una salida y yo voy a tomarla. Estoy determinado a dejar todos los pensamientos equivocados». La libertad del dolor emocional se logra mientras vas paso a paso con el Señor y Él te ayuda a cambiar los hábitos de pensamiento, sentimiento y acción. El bálsamo de Galaad que se menciona en la Biblia era una sustancia conocida en esa región, por aquel entonces, debido a sus propiedades curativas. El profeta Jeremías le preguntó a Dios: «¿No hay bálsamo en Galaad? ¿No hay allí médico?» (Jeremías 8:22).

Muchas veces, le hacemos la misma pregunta a Dios. «¿Por qué todavía me duele, Señor?» «¿Por qué no me puedo liberar?» «¿Por cuánto más tiempo tengo que vivir con depresión y tristeza?» «¿Por qué no me puedo deshacer de este terrible temor y ansiedad?» «¿Por qué no me has sanado?»

Algunas veces, la respuesta a esas preguntas puede ser la misma que Dios le dijo a Jeremías. Le respondió a Jeremías diciendo: «Van de mal en peor, y a mí no me conocen —afirma el Señor» (Jeremías 9:3, nvi).

Cuando le das lugar a cualquier pecado en tu corazón, no estás obedeciendo a Dios. Además, no podrás encontrar la libertad, la sanidad y la restauración que deseas. Están allí para ti, pero tienes que hacer tu parte y confesar cada pecado y reconocer tu dependencia de Dios para todo. «Oh alma mía, dijiste a Jehová: Tú eres mi Señor; no hay para mí bien fuera de ti» (Salmo 16:2).

¿Cómo me libero de las emociones negativas?

Todos necesitamos saber no solo cómo tener un buen día de vez en cuando, sino cómo encontrar una sanidad emocional *total* y restauración. Tenemos que entender cómo llenar nuestros lugares vacíos y solitarios con algo más que lo que, a la larga, nos dejará más vacíos y solos que antes. Nos cansamos de batallar con la depresión, la ansiedad, el miedo, la ira, los sentimientos de rechazo y el fracaso, y con los pensamientos de que no hemos hecho lo suficiente, o de que hemos hecho lo indebido. Estamos exhaustos por la autocrítica implacable, la vergüenza, la confusión y la falta crónica de satisfacción. Dios dice de estas cosas: «En lugar de vuestra doble confusión y de vuestra deshonra, os alabarán en sus heredades; por lo cual en sus tierras poseerán doble honra, y tendrán perpetuo gozo» (Isaías 61:7). Este doble honor ilustra cómo es Dios. No solo restaura, sino que nos da mucho más de lo que esperamos.

Mi madre a menudo se dirigía a mí con lenguaje profano que no puedo repetir. Muchos años después me di cuenta que eso era parte de su enfermedad mental. Estar bajo llave en un armario contribuyó a las incontables emociones negativas con las que tuve que lidiar todos los días. No me acuerdo estar encerrada como un castigo específico por algo que hubiera hecho; era más porque ella no me quería ver por ahí. Solía decir: «Quédate allí hasta que pueda soportar ver tu cara».

Años más tarde, cuando ya no era un armario físico, vivía en un armario emocional, encerrada por el dolor y el temor en mi corazón y alma. Cuando tenía veintitantos años, probé con todo lo que pensaba que me ayudaría a liberarme de esas emociones negativas que me habían paralizado: alcohol, drogas, prácticas ocultas, religiones orientales y malas relaciones. Todo lo hacía en un intento por encontrar una salida para mi dolor y para encontrar una razón para vivir. Cuando recibí a Jesús, eso terminó con mi búsqueda de un futuro eterno y de una razón de ser, pero eso solo fue el comienzo para encontrar la plenitud.

Poco a poco mi entendimiento de quién quería Dios que yo fuera y lo que Él me había llamado a ser quedó más claro. Desarrollé una sensación de paz en cuanto a dónde me encontraba en mi vida y tuve esperanza de un futuro: dos discernimientos que me eludían antes. Los tres pasos más importantes que di para liberarme de las emociones negativas fueron: Poner a Dios en primer lugar, fortalecerme con la Palabra de Dios y orar por todo. Tú también puedes hacer lo mismo.

1. *Pon a Dios en primer lugar de muchas maneras.* Toma la decisión de poner a Dios en primer lugar en cada esfera de tu vida. Eso significa hasta ponerlo antes de tus sentimientos. Di: «Señor, te serviré a ti y no a mis emociones».

2. *Fortalécete con la Palabra de Dios.* Necesitas todo el alimento, el rejuvenecimiento y la sanidad que puede darte la Palabra de Dios. «La ley del Señor es perfecta, que restaura el alma» (Salmo 19:7, lbla). Determina alinear tus pensamientos y emociones con la Palabra de Dios. Di: «Señor, lo que tú dices en tu Palabra tiene una mayor influencia en mi corazón que mis propios sentimientos».

3. *Ora por todo.* No guardes emociones negativas como si fueran viejos amigos que llegaron como invitados a tu casa. Ya no tienen derecho de ser parte de tu vida. Háblale a Dios acerca de cada una y pídele que te libere. La Biblia dice: «Por nada estéis afanosos, *sino sean conocidas vuestras peticiones delante de Dios en toda oración y ruego, con acción de gracias.* Y la paz de Dios, que sobrepasa todo entendimiento, guardará vuestros corazones y vuestros pensamientos en Cristo Jesús» (Filipenses 4:6-7, énfasis añadido). Di: «Señor, me niego a darles lugar a las emociones negativas, por lo que te pido que te las lleves. Gracias por proteger mi corazón y mi mente, y por darme paz en el proceso.

Si has batallado con emociones negativas, entiende que Dios tiene libertad, sanidad y restauración para ti. Este es un nuevo día y un nuevo comienzo, y Él es un Dios de redención. Mi trayectoria de la esclavitud a la libertad, del quebrantamiento a la plenitud y del fracaso al verdadero éxito no ocurrió de la noche a la mañana. Sucedió paso a paso. Tardó catorce años desde el tiempo en que recibí al Señor hasta que fui liberada del dolor emocional. Todavía estoy en el camino para llegar a ser cada vez más plena porque es un proceso de toda una vida. Se requiere de tiempo para cambiar los malos hábitos de sentir, actuar o pensar.

Mi oración es para que este proceso transcurra con más rapidez para ti. Con todo, si no es así, sigue caminando hacia la plenitud que Dios tiene para ti. Sigue diciendo: «Confortará mi alma, me guiará por sendas de justicia» (Salmo 23:3). Caminar en cualquier otra senda hacia cualquier otra dirección es una pérdida de tu tiempo y de tu vida.

❧ EL PODER DE LA ORACIÓN ❧

Señor:

Hoy rechazo toda la depresión, la ansiedad, el temor, el terror, la ira y la tristeza, porque sé que no son de ti. Por el poder de tu Espíritu Santo me resisto a la tentación de ver lo malo de la vida y te pido que abras mis ojos a lo bueno. Permíteme percibir tu presencia todo el tiempo, sin importar lo que esté ocurriendo. Mi vida está en tus manos y tu amor me sustenta. Que tu gozo surja en mi corazón de manera tan completa que deje fuera todo lo que no es de ti.

Te pido que desaparezcas cualquier pesadez en mí. Permíteme respirar el aire fresco de tu Espíritu que se lleva las nubes oscuras. Confío en ti y no en mis problemas, ni en las cosas que no son perfectas en mi vida. Ayúdame a darme cuenta de cualquier temor como un reto que puedo superar, pues tú me capacitas.

Gracias porque no tengo que vivir en la oscuridad porque tú eres mi luz (Juan 12:46). Tú me sacaste de la oscuridad y de la sombra de muerte, y rompiste mis cadenas de esclavitud (Salmo 107:14). Me libraste de la oscuridad y me llevaste a tu reino y a tu amor (Colosenses 1:13). Porque tú eres mi salvación, no tengo que temer (Salmo 27:1). Puedo llamarte y tú me salvarás (Salmo 107:13).

Ayúdame a adorarte con frecuencia. Libérame de todas mis emociones negativas que han llegado a ser un hábito. Dame una vestidura de alabanza que se lleve el espíritu de pesadez. En tu presencia encuentro plenitud de gozo (Salmo 16:11).

Todo esto te lo pido en el nombre de Jesús.

❧ EL PODER DE LA PALABRA ❧

Jehová redime el alma de
sus siervos, y no serán condenados
cuantos en él confían.
SALMO 34:22

Mas yo haré venir sanidad para ti,
y sanaré tus heridas, dice Jehová.
JEREMÍAS 30:17

El Espíritu de Jehová el Señor está
sobre mí, porque me ungió Jehová;
me ha enviado a predicar buenas
nuevas a los abatidos, a vendar a los
quebrantados de corazón, a publicar
libertad a los cautivos, y a los presos
apertura de la cárcel [...] a consolar
a todos los enlutados; a ordenar que

a los afligidos de Sion se les dé gloria
en lugar de ceniza, óleo de gozo
en lugar de luto, manto de alegría
en lugar del espíritu angustiado;
y serán llamados árboles de justicia,
plantío de Jehová, para gloria suya.

ISAÍAS 61:1-3

El día que clamé, me respondiste;
me fortaleciste con vigor en mi alma.

SALMO 138:3

Jehová es mi pastor; nada me faltará.
En lugares de delicados pastos
me hará descansar;
junto a aguas de reposo me pastoreará.
Confortará mi alma;
me guiará por sendas de justicia
por amor de su nombre.

SALMO 23:1-3

❧ 20 ❧

TRATA TU CUERPO COMO SI LE PERTENECIERA A DIOS

~~~~~~

La manera en que cuidas tu cuerpo es vital para tu verdadero éxito. Sin embargo, algunas personas que están dedicadas a Dios en todas las demás partes de su vida, creen que su cuerpo es de su dominio privado y que pueden hacer lo que quieran con él. Con todo, Dios no lo ve así.

Dios creó tu cuerpo, alma, mente y espíritu. Cuando recibes a Jesús, eres lleno del Espíritu Santo. Él vive en ti y te permite cumplir tu propósito. Tu cuerpo es su templo, y Dios espera que lo cuides para honrarlo a Él. «¿No sabéis que sois templo de Dios, y que el Espíritu de Dios mora en vosotros? Si alguno destruyere el templo de Dios, Dios le destruirá a él; porque el templo de Dios, el cual sois vosotros, santo es» (1 Corintios 3:16-17).

Tu cuerpo es santo porque el Espíritu Santo de Dios mora en ti. Y Dios destruirá a cualquiera que destruya su templo. Este es un asunto serio.

Dios también dice: «Mi pueblo fue destruido, porque le faltó conocimiento» (Oseas 4:6). Creo que a menudo estamos enfermos y moribundos porque pasamos por alto el cuidado apropiado del cuerpo. Nuestras decisiones de estilo de vida y hábitos nos alejan mucho de la vida de salud y rejuvenecimiento que Dios quiere que tengamos. Sufrimos en nuestro cuerpo físico porque no vivimos a la manera de Dios. Tenemos que aprender a cuidar de nuestro cuerpo para disfrutar la vida de propósito que Él tiene para nosotros.

Jesús vino como nuestro Sanador porque Él sabía que necesitábamos sanidad. No siempre podemos hacerlo todo bien y nuestro cuerpo muchas veces se quebranta, pero eso no significa que tengamos que renunciar a nuestra responsabilidad de cuidar de nuestro propio cuerpo.

Si nunca te han enseñado la manera en que Dios quiere que cuides tu cuerpo, hay varios libros excelentes sobre el tema. Busca algunos de ellos y aprende acerca de un estilo de vida saludable que te dé buenos resultados. Tienes que dar pasos para educarte en esto. No puedes hacer nada y esperar vivir con buena salud.

Hay mucha gente que conoce la manera adecuada de cuidar su cuerpo, pero decide no hacerlo. Trata mal a su cuerpo y le importa poco lo que quiere Dios. Este es un camino destructivo que garantiza el fracaso por una desatención flagrante a los caminos de Dios. No podemos seguir envenenándonos y esperar que Él nos dé el antídoto. Así no resulta.

Lo que puedes hacer para cuidar del templo de Dios

He aquí algunas cosas sencillas, pero prácticas, que puedes hacer para ser un buen mayordomo del cuerpo que Dios te entregó.

Considera tu cuerpo como la base de tu vida y ministerio

Presenta tu cuerpo al Señor como un sacrificio vivo y pídele que te ayude a cuidarlo de una manera que le agrade. La enfermedad le resta a tu vida y a los propósitos de Dios para ti. Si lo tratas bien, tu cuerpo fue creado para que se recupere por sí solo. No puedes servir al Señor en la tierra sin él.

Pídele a Dios que te muestre dónde debes tener un equilibrio

La Biblia dice: «Todo el que teme a Dios evitará caer en ambos extremos» (Eclesiastés 7:18, NTV). ¿Trabajas demasiado y no descansas lo suficiente? ¿Introduces comida en tu cuerpo que sabes que es mala para ti? ¿No recibes suficiente aire fresco y luz del sol durante once meses y tres semanas del año, y después te tuestas en el sol por una semana hasta que estás quemado? ¿Bebes muchas bebidas azucaradas, llenas de químicos y muy poca agua? ¿Vives la vida en la vía rápida y no dedicas tiempo para orar todos los días? ¿Tienes tiempo para la televisión pero no para la Biblia? ¿Te niegas a hacer ejercicio porque crees que eres uno de los pocos que pueden salirse con la suya? ¿Te das el lujo de tener sobrepeso sin pensar en las consecuencias? ¿Rara vez ayunas y oras para romper esos malos hábitos?

Si dijiste que sí a alguna de las preguntas anteriores, pídele a Dios que rompa la fortaleza de los malos hábitos de cuidar del cuerpo con los que estás batallando. Él lo hará. No tienes que enfrentar solo esta tarea abrumadora en apariencias. Dios te ayudará, te guiará y te sustentará en el proceso.

Pídele a Dios que te muestre si el estrés te afecta de manera negativa

Pídele a Dios que te ayude a eliminar o a controlar el estrés en tu vida. Pídele que te permita «estar satisfecho en cualquier situación» (Filipenses 4:11, NVI). Recuerda que solo Dios es perfecto y puede hacer las cosas perfectas. Solo podemos hacer lo que podemos hacer, y tenemos que olvidarnos de lo demás. No permitas que el estrés te lleve al punto del agotamiento y la extenuación.

Come bien y fortalece tu cuerpo

Puedes hacer mucho para mantenerte saludable al cuidar de lo que comes. Si comes mal, tu cuerpo se dañará. Dios nos ha dado pautas y comida para una buena salud. Además, espera que seamos responsables con nuestra comida. El dolor crónico y la enfermedad que debilita no son la voluntad de Dios para tu vida. Pídele que te muestre lo que tienes que hacer a fin de realizar cambios en tus hábitos alimenticios que promuevan sanidad. Preséntale tu cuerpo al Señor y pídele que te dirija hacia la gente adecuada que te pueda ayudar (Romanos 12:1).

Busca el descanso que Dios tiene para ti

Si no estás descansando, no estás obedeciendo a Dios. Es más, una de las razones por las que no dormimos bien en la noche es porque durante el día no vivimos como quiere Dios. Él nos da el descanso cuando vivimos a la manera de Dios. El descanso profundo y apacible es de suma importancia si quieres tener una buena salud. Cuando tienes paz en tu vida y comes alimentos buenos y saludables, haces el ejercicio adecuado, bebes suficiente agua pura y ayunas y oras con regularidad, te darás cuenta de que el sueño viene de manera natural.

Si estás en el otro extremo y tienes que dormir todo el tiempo, algo está fuera de equilibrio en tu cuerpo. Dios nos da tiempo para dormir y tiempo para estar despiertos y activos. Un cuerpo saludable no se confunde en esto. Además, si trabajas mucho y no puedes dormir en la noche, hay que hacer algunos cambios. La Biblia dice: «Por demás es que os levantéis de madrugada, y vayáis tarde a reposar, y que comáis pan de dolores; pues que a su amado dará Dios el sueño» (Salmo 127:2). Cuando estás dormido, tu cuerpo se limpia, se reconstruye y se repara. No le des menos tiempo de lo que necesita para hacer esto bien.

Haz ejercicio con regularidad

No nos sentimos bien cuando hay toxinas en el cuerpo. Una de las mayores ventajas del ejercicio es que libera al cuerpo de toxinas. La falta de ejercicio puede ser la causa de falta de sueño en la noche. La falta de sueño no le da al cuerpo el tiempo para purificarse y repararse. Tenemos que utilizar el cuerpo que Dios nos dio para estar saludables. Cuando no tiene suficiente actividad, la purificación y el proceso de fortalecimiento no pueden llevarse a cabo por completo. Cuando se trata de ejercicio, no te quedes sin hacer nada.

Respeta el día de reposo que Dios nos ordenó que tuviéramos

Si Dios mismo tomó un día de descanso y dijo que *nosotros* deberíamos hacerlo también, creo que debemos confiar en Él en eso (Éxodo 20:8-10). Toma ese día una vez a la semana y no trabajes, no te preocupes de tus facturas, ni pienses en lo que necesita limpieza o reparación, ni te consumas con todas las obligaciones que tienes que cumplir. Pasa ese día con el Señor de modo que Él pueda renovarte. Pasa el tiempo en la iglesia o con tu familia, toma una siesta o ten una comida con tus amigos. Descansa de tu horario diario y pasa el tiempo haciendo lo que disfrutas. En cualquier cosa que hagas, incluye a Dios en ella. El Día de Reposo es una recompensa para tu cuerpo, mente, alma y espíritu.

Agradécele a Dios por el regalo de tu cuerpo

No critiques a tu cuerpo por lo que no hace, no puede hacer o no quiere hacer. Más bien, dale gracias a Dios por lo que *sí puede* hacer. Dale gracias porque puedes ver, oír, hablar, moverte, caminar o por cualquier cosa que puedas hacer.

Deja la actitud que dice: «Este es mi cuerpo y haré lo que quiera con él». La verdad es que te compraron con el sufrimiento y la sangre de Jesús. Eres una vasija de barro que Dios ha llenado con su Espíritu y que usa para su gloria. «Pero tenemos este tesoro en vasos de barro, para que la excelencia del poder sea de Dios, y no de nosotros» (2 Corintios 4:7). Sé agradecido porque tu cuerpo puede usarse para la gloria de Dios y colabora manteniéndolo bien.

Lo que Dios puede hacer para ayudarte a cuidar de tu cuerpo

He aquí algunas cosas que Dios puede hacer para ayudarte a ser un buen mayordomo con el cuerpo que te entregó.

Dios puede responder la oración

Jesús dijo que cualquier cosa que pidiéramos en su nombre Él la hará por nosotros (Juan 14:13). No trates de cuidar tu cuerpo sin su ayuda. Ora por cada uno de sus aspectos. Pídele que te muestre lo que debes hacer y que te permita hacerlo. Pídele a Dios que te ayude a mantenerte bien.

Dios puede hacer milagros

Jesús es tu Sanador. Y Él hará milagros de sanidad en respuesta a tus oraciones. Sin embargo, eso no te da permiso para no cuidar de tu cuerpo. (Más acerca de esto en el capítulo 21: «Confía en tu Sanador»).

Dios puede darte un corazón de paz

Tu paz viene de Dios y debes buscarlo para obtenerla. La paz es sanadora y rejuvenecedora, e influirá en gran medida en tu salud. «El corazón tranquilo da vida al cuerpo» (Proverbios 14:30, NVI). Pídele a Dios que te ayude a aprender a vivir en su paz.

Dios puede bendecirte cuando caminas a su manera

Mientras das pasos de obediencia en cuanto al cuidado de tu cuerpo, Dios bendecirá los pasos que des. «Dichosos todos los que temen al SEÑOR, los que van por sus caminos. Lo que ganes con tus manos eso comerás; gozarás de dicha y prosperidad» (Salmo 128:1-2, NVI). Una gran parte de la prosperidad es disfrutar de buena salud.

Cuando le pidas a Dios que te ayude a cuidar tu cuerpo como es debido, Él abrirá tus ojos a lo que podrías estar haciendo mal. «El Señor da vista a los ciegos» (Salmo 146:8, nvi). Él te mostrará los pasos que debes dar. Sírvelo al hacer lo que te dice.

Recuerda siempre que tu cuerpo es del Señor. Respétalo por el respeto que le tienes a Él. Ama tu cuerpo porque lo amas a Él, que te creó.

❧ El poder de la oración ☙

Señor:

Te entrego mi cuerpo como templo de tu Espíritu Santo. Enséñame a cuidarlo de manera adecuada. Muéstrame cómo debo comer y qué debo evitar. Quita todo el deseo por la comida que sea dañina para mí. Dame equilibrio y sabiduría. Ayúdame a purificarme de todo lo que contamina mi cuerpo y mi espíritu por reverencia a ti (2 Corintios 7:1).

Permite que viva como tú quieres a fin de que pueda morar en la paz que tienes para mí. Hazme ver cuando permita que el estrés innecesario controle mi vida y ayúdame a dar pasos para aliviarlo. Enséñame a simplificar mi vida de modo que pueda vivir de una mejor manera y más saludable. Permíteme descansar en la noche, de la forma en que tú quieres que lo haga. Haz que mi corazón esté en paz para que mi cuerpo esté rejuvenecido (Proverbios 14:30).

Te pido que permitas que no provea «para los deseos de la carne» (Romanos 13:14). Ayúdame a hacer el ejercicio necesario para que mi cuerpo esté purificado, sea activo y fuerte. Si tengo afianzados malos hábitos, cuando se trate del cuidado adecuado de mi cuerpo, te pido que me los reveles y permíteme dar los pasos necesarios para liberarme.

Ayúdame a amar y apreciar mi cuerpo y a no ser crítico con él. Permíteme escoger la vida (Deuteronomio 30:19). Aunque mi carne y corazón desfallezcan, tú eres la fortaleza de mi corazón para siempre (Salmo 73:26). Permíteme ir «de poder en poder» (Salmo 84:7).

Todo esto te lo pido en el nombre de Jesús.

❧ EL PODER DE LA PALABRA ❧

Por lo tanto, hermanos, tomando en
cuenta la misericordia de Dios,
les ruego que cada uno de ustedes,
en adoración espiritual, ofrezca su
cuerpo como sacrificio vivo, santo
y agradable a Dios.

ROMANOS 12:1, NVI

Te alabaré; porque formidables, maravillosas
son tus obras; estoy maravillado,
y mi alma lo sabe muy bien.

SALMO 139:14

Ya sea que coman o beban o hagan
cualquier otra cosa, háganlo todo
para la gloria de Dios.

1 CORINTIOS 10:31, NVI

Morirá por su falta de disciplina;
perecerá por su gran insensatez.

PROVERBIOS 5:23, NVI

Hay caminos que al hombre le parecen rectos,
pero que acaban por ser caminos de muerte.

PROVERBIOS 16:25, NVI

～ 21 ～

CONFÍA EN TU SANADOR

〰〰〰

Dios es el Dios de los milagros. Puede hacer milagros en respuesta a nuestras oraciones. Gracias a Dios por los médicos, pero incluso *ellos* saben que la medicina no puede hacerlo todo. Hay muchas veces en que necesitamos un milagro de sanidad. Y por eso es que Jesús vino como nuestro Sanador.

Si en el pasado te han dicho que Dios no hace milagros ahora, observa que en las Escrituras no dice eso. Dios Dice: «Porque yo Jehová no cambio» (Malaquías 3:6). El escritor del libro de Hebreos dijo: «Jesucristo es el mismo ayer, y hoy, y por los siglos» (Hebreos 13:8). Jesús *es...* no Jesús *era*.

Si los milagros terminaron, ¿por qué Santiago le dice a la iglesia que ore por los enfermos? «¿Está alguno enfermo entre vosotros? Llame a los ancianos de la iglesia, y oren por él, ungiéndole con aceite en el nombre del Señor. Y la oración de fe salvará al enfermo, y el Señor lo levantará; y si hubiere cometido pecados, le serán perdonados» (Santiago 5:14-15).

Jesús dijo: «De cierto, de cierto os digo: *El que en mí cree*, las obras que yo hago, él las hará también; y aun mayores hará, porque yo voy al Padre» (Juan 14:12, énfasis añadido). Jesús *no* dijo: «Solo ustedes los discípulos que creen en mí».

Jesús también dijo: «De cierto os digo, que si tuviereis fe como un grano de mostaza, diréis a este monte: Pásate de aquí allá, y se pasará; y nada os será imposible» (Mateo 17:20). ¿Hay alguna montaña mayor que la enfermedad que no sana?

Dios nos da a cada uno cierta cantidad de fe para comenzar, pero nuestra fe *aumenta* mientras leemos la Palabra de Dios y actuamos de acuerdo con ella (Romanos 12:3). Nuestra fe puede crecer lo suficiente como para mover una montaña. Jesús dijo: «Y estas señales seguirán a los que creen: En mi nombre echarán fuera demonios; hablarán nuevas lenguas; tomarán en las manos serpientes, y si bebieren cosa mortífera, no les hará daño; sobre los enfermos pondrán sus manos, y sanarán» (Marcos 16:17-18). No hubo fechas límites ni de expiración para estos versículos. En ninguna parte dice: «Cuando mueran los apóstoles, olvídense de ver más milagros. No van a ocurrir».

Tu fe en Dios invita y libera el poder de Dios para que obre en tu vida. No pongas la fe en tu capacidad de tener fe; pon tu fe en la capacidad de Dios de sanar. Si te parece que tu fe es débil, pídele a Dios que la aumente. Cree que no hay nada demasiado difícil para Dios (Marcos 10:27). Si quieres ver un milagro, aférrate a estos versículos hasta que lleguen a ser parte de tu mente y corazón.

Cómo preparas tu corazón para un milagro de sanidad

He aquí algunas cosas que puedes hacer a fin de preparar tu corazón para la sanidad.

Prepara tu corazón con la lectura de la Palabra de Dios y el aumento de tu fe

Es posible encontrar sanidad con solo leer la Palabra de Dios. «Envió su palabra, y los sanó, y los libró de su ruina» (Salmo 107:20). Nuestra ruina podría ser nuestra desobediencia deliberada a los caminos y la voluntad de Dios. Muy a menudo la gente no ora hasta que algo terrible le pasa y quiere que Dios lo arregle. Creo que a veces la enfermedad severa puede traernos de vuelta de nuestra propia decadencia o apatía espiritual y sacudirnos de nuestra desobediencia.

La Palabra de Dios tiene más poder que cualquier enfermedad o lesión que estés enfrentando. «Hijo mío, está atento a mis palabras; inclina tu oído a mis razones. No se aparten de tus ojos; guárdalas en medio de tu corazón; porque son vida a los que las hallan, *y medicina a todo su cuerpo*» (Proverbios 4:20-22, énfasis añadido).

Memoriza versículos acerca de la sanidad porque serán vida para ti. «Si tu ley no hubiese sido mi delicia, ya en mi aflicción hubiera perecido. Nunca jamás me olvidaré de tus mandamientos, porque con ellos me has vivificado» (Salmo 119:92-93).

Prepara tu corazón con oración

Cuando clamamos al Señor por sanidad, Él nos escucha. A veces sana de inmediato. En ciertos casos nuestra sanidad ocurre en el transcurso de una larga convalecencia. Algunas veces no sucede de la manera en que lo pedimos. Eso no quiere decir que cuando alguien no recibe sanidad, como respuesta a la oración, que Dios no sana ahora. Jesús *no* dijo: «Con Dios todo es posible nada más que este mes, o mientras vivan los apóstoles. Después de eso, están solos».

Prepara tu corazón mediante la obediencia a los mandamientos de Dios

Sepárate de todo lo que se opone a Dios y sus caminos. «Hijo mío, no te olvides de mi ley, y tu corazón guarde mis mandamientos; *porque largura de días y años de vida y paz te aumentarán*» (Proverbios 3:1-2, énfasis añadido). Decide ser humilde y dale reverencia a Dios. «No seas sabio en tu propia opinión; teme a Jehová y apártate del mal; *porque será medicina a tu cuerpo, y refrigerio para tus huesos*» (Proverbios 3:7-8, énfasis añadido).

Prepara tu corazón con ayuno

Dios dijo que sucederán muchas cosas cuando ayunamos, una de las cuales es la sanidad. «Entonces nacerá tu luz como el alba, y tu salvación se dejará ver pronto; e irá tu justicia delante de ti, y la gloria de Jehová será tu retaguardia» (Isaías 58:8). Esa es una de muchas cosas importantes que ocurren cuando ayunamos, y quizá a la falta de ayuno se deba que mucha gente se enferme. (Más acerca de esto en el capítulo 27: «Ayuna y ora para vencer»).

Lo que Jesús dijo acerca de la sanidad

Un ciego que mendigaba en el camino clamó a Jesús cuando Él pasó y le dijo: «¡Jesús, hijo de David, ten misericordia de mí!». Jesús sabía que el hombre era ciego y que quería, más que nada, poder ver. Aun así, Jesús le preguntó: «¿Qué quieres que te haga?». El ciego dijo: «Señor, que reciba la vista». Entonces Jesús le dijo: «Recíbela, tu fe te ha salvado» (Lucas 18:38-42). Dios sabe lo que necesitamos y lo que queremos, pero Él quiere que pidamos. Por eso es bueno orar de manera específica. Pídele a Dios en concreto lo que quieres en cuanto a la sanidad. Luego, ten fe en su capacidad y deseo de sanar. Proclama su Palabra en cuanto a la sanidad hasta que veas la situación resuelta, sin importar cuánto tarde.

Sé que Dios hace milagros porque he visto muchos en mi propia vida. He estado cerca de la muerte varias veces y he sobrevivido de forma milagrosa. Sé que en cada una de estas situaciones fue la mano de Dios en respuesta a la oración. Tienes que creer con todo tu corazón que nada es imposible para Dios. «Entonces Jesús, mirándolos, dijo: Para los hombres es imposible, mas para Dios, no; *porque todas las cosas son posibles para Dios*» (Marcos 10:27, énfasis añadido).

La sanidad no es algo que le *exigimos* a Dios. Él no sana a todos. El porqué sana a algunos y a otros no es su decisión por completo (Juan 5:1-10). Él es soberano y hace lo que quiere. No podemos establecer una fórmula y exigir que Dios haga

lo que queremos. La oración no es decirle a Dios lo que tiene
que hacer, ¿lo recuerdas? La oración es comunicarle a Dios los
deseos de tu corazón y después ponerlos en sus manos para que
Él haga lo que quiera. Sin embargo, solo porque Dios no sana
a *todos* no quiere decir que Él *ya no* sane. Cuando no sana,
es porque tiene un propósito para no hacerlo. Y tenemos que
confiar en Él en eso.

Jesús pagó por nuestra sanidad en la cruz (Isaías 53:4-5). Él
tomó nuestras enfermedades y llevó nuestras dolencias (Mateo
8:16-17). ¿Por qué compraría nuestra sanidad con su propio
sufrimiento en la cruz si no quisiera sanarnos? «Él mismo, en su
cuerpo, llevó al madero nuestros pecados, para que muramos al
pecado y vivamos para la justicia. *Por sus heridas ustedes han sido
sanados*» (1 Pedro 2:24, NVI, énfasis añadido). ¿Por qué se tomó
tantas molestias? ¿Por qué se le llamaría nuestro Sanador si no
quisiera sanar a nadie?

La gente buscaba a Jesús por sanidad, y le suplicaban que
les permitiera tocar el borde de su manto. «Y todos los que le
tocaban quedaban sanos» (Marcos 6:56). Nosotros, también,
necesitamos tocar a Jesús para recibir sanidad. Para tocarlo,
tenemos que estar *en contacto* con Él.

Muchas veces Jesús se refirió a la fe de alguien como algo
decisivo para su sanidad. Por ejemplo, el centurión que le pidió
a Jesús que sanara a su criado también le dijo a Jesús que no era
necesario que *fuera a verlo*. «Solamente di la palabra, y mi criado
sanará» (Mateo 8:8). Jesús quedó atónito por su fe y respondió:
«Ve, y como creíste, te sea hecho. Y su criado fue sanado en
aquella misma hora» (versículo 13).

Hay poder en el nombre de Jesús para sanar

Cuando Pedro le dijo al cojo: «En el nombre de Jesucristo
de Nazaret, levántate y anda», el hombre dio un salto y caminó
por primera vez (Hechos 3:6-8). Pedro le explicó a la gente
que miraba asombrada lo que había sucedido y dijo: «Y por

la fe en su nombre, a este, que vosotros veis y conocéis, le ha confirmado su nombre; y la fe que es por él ha dado a éste esta completa sanidad en presencia de todos vosotros» (Hechos 3:16). A lo que Pedro se refería era que no fue por ningún poder propio que este hombre se sanó. Fue el poder del nombre de Jesús lo que produjo la sanidad. Además, la oración es la que dirige este poder.

Cuando pones tu fe en Jesús y en el poder de su nombre para sanar, la sanidad puede ocurrir. Confiesa que Jesús es el Señor y que Él te ha dado el poder y la autoridad en su nombre para ordenarle a la enfermedad y al padecimiento que se vayan. No permitas que nadie debilite tu fe en Jesús, ni su capacidad de sanar al decirte que solo sanó a la gente cuando estuvo en la tierra, pero ahora no.

Jesús fue Sanador entonces, es Sanador ahora y siempre será nuestro Sanador.

❧ EL PODER DE LA ORACIÓN ❧

Señor:

Te agradezco por tu poder sanador en mi favor. Gracias por darme tu Palabra para sanarme (Salmo 107:20). Creo que tú, Jesús, eres la Palabra viva. Tú pagaste el precio en la cruz para comprar sanidad para mí. Tomaste mis enfermedades y llevaste mis dolencias. Hay sanidad en tu nombre y creo que tú eres mi Sanador.

Gracias por tu Palabra escrita, la cual cobra vida en mi corazón mientras la leo, la hablo o la escucho. Te pido que tu Palabra en mi corazón sea medicina para mi cuerpo. Te alabo, Señor, por todas tus promesas de seguridad, protección y sanidad. Decido creer en tu Palabra y tener fe en ti y en tu poder para sanar.

Te pido salud y sanidad en mi cuerpo. Restaura mi salud y sáname de todas mis heridas (Jeremías 30:17). Aumenta mi fe en ti y en tu nombre, de modo que pueda aferrarme a la sanidad por la que pagaste en la cruz. Ayúdame a no darme por vencido al orar hasta que vea la sanidad que tienes para mí. Sé que cuando me sanes, seré sano de verdad (Jeremías 17:14).

Enséñame a orar con poder y fe por la sanidad de otros. Guíame y enséñame a obedecerte de esta manera. Cada vez que ore por otra persona, escucha mi oración y responde tocándola con tu poder sanador. Enséñame a orar para que puedas hacer un milagro, no solo en mi vida, sino en la vida de otras personas.

Todo esto te lo pido en el nombre de Jesús.

≈✇ EL PODER DE LA PALABRA ✇≈

Ciertamente llevó él nuestras enfermedades,
y sufrió nuestros dolores; y nosotros
le tuvimos por azotado, por herido de
Dios y abatido. Mas él herido fue por
nuestras rebeliones, molido por nuestros
pecados; el castigo de nuestra paz
fue sobre él, y por su llaga fuimos
nosotros curados.

ISAÍAS 53:4-5

Mas a vosotros los que teméis mi nombre,
nacerá el Sol de justicia, y en sus alas
traerá salvación; y saldréis, y saltaréis
como becerros de la manada.

MALAQUÍAS 4:2

Bendice, alma mía, a Jehová,
y bendiga todo mi ser su santo nombre.
Bendice, alma mía, a Jehová,
y no olvides ninguno de sus beneficios.
Él es quien perdona todas tus
iniquidades, el que sana todas
tus dolencias.

Salmo 103:1-3

Sáname, oh Jehová, y seré sano; sálvame,
y seré salvo; porque tú eres mi alabanza.

Jeremías 17:14

Si oyeres atentamente la voz de Jehová
tu Dios, e hicieres lo recto delante
de sus ojos, y dieres oído a sus
mandamientos, y guardares todos
sus estatutos, ninguna enfermedad
de las que envié a los egipcios te
enviaré a ti; porque yo soy
Jehová tu sanador.

Éxodo 15:26

๑ 22 ๑

DILE A LA TENTACIÓN:
«ESO SÍ QUE NO»

⟨⟨⟨⟨⟨⟨⟨⟨⟩

Parte del Padrenuestro dice: «Y no nos metas en tentación, mas líbranos del mal» (Mateo 6:13).

Cuando era recién convertida, solía darle vueltas al asunto. ¿En realidad Dios nos metería en tentación, por lo que era necesario que pidiéramos que no lo hiciera? Sin embargo, cuando leí más acerca de esto en la Biblia, vi que Dios no puede ser tentado ni nos tentará. «Cuando alguno es tentado, no diga que es tentado de parte de Dios; porque Dios no puede ser tentado por el mal, ni él tienta a nadie» (Santiago 1:13).

Lo que en realidad le estamos pidiendo en el Padrenuestro es: «Señor, *apártanos* de la tentación». También sería como decir: «Señor, cuando me tienten para que me aparte de la senda, necesito tu ayuda para mantenerme en el buen camino. Ayúdame a alejarme de cualquier cosa que me tiente a desviarme de ti». Le estamos pidiendo a Dios que nos dé la fortaleza para permanecer firmes en contra del mal o de cualquier cosa dentro de nosotros que nos seduzca para apartarnos del terreno moral que Dios tiene para que estemos allí.

La tentación significa una seducción a hacer el mal. Dios no nos *seduce* a hacer el mal. El enemigo nos tentará desde afuera; nuestra carne nos tentará desde adentro. Sin embargo, Dios permite que seamos *probados* a través de la tentación.

Nuestra carne es nuestra naturaleza más baja, donde los deseos pecaminosos encuentran un lugar para alojarse. Es nuestra parte más débil. Y aunque en nuestro espíritu queremos hacer lo bueno, incluso nuestra naturaleza débil nos puede vencer y permitir que la tentación nos domine. Jesús dijo: «Velad y orad, para que no entréis en tentación; el espíritu a la verdad está dispuesto, pero la carne es débil» (Mateo 26:41). Nuestra carne nos puede seducir a hacer el mal. Aun así, la clave que Jesús nos da para evitarlo es que velemos y oremos.

Tenemos que ser conscientes de que nos pueden persuadir para apartarnos de lo mejor de Dios, por lo que tenemos que estar pendientes de los indicios de que esto esté sucediendo y orar sin cesar a fin de que Dios nos ayude a resistirlo.

Cuando permanecemos firmes, resistimos la tentación y soportamos el tiempo de la tentación, recibimos una recompensa de Dios. «Bienaventurado el varón que soporta la tentación; porque cuando haya resistido la prueba, recibirá la corona de vida, que Dios ha prometido a los que le aman» (Santiago 1:12). Esta promesa de bendiciones no solo se llevará a cabo en la vida futura, sino en esta vida también.

Cada vez que he llegado al borde de un logro importante en mi vida como creyente, el enemigo me ha atacado con la tentación de creer alguna de sus mentiras o de violar alguna de las leyes de Dios. Sé que el enemigo ha venido a destruir lo que Dios quiere hacer a través de mí. Lo que he hecho en cada ocasión es dejar todo lo demás a un lado e ir ante el Señor a orar. Le pido que quite la tentación de mi vida y que me libere de su control. Le pido que me revele cualquier cosa en mi carne que permitiría esa batalla. Decido creer que el poder del Espíritu Santo en mí es mucho mayor que cualquier cosa que esté enfrentando.

Si experimentas la tentación de hacer, decir o pensar algo que sabes que no es del Señor, reconoce que no soportarás más de lo que han experimentado otros. Eso se debe a que Dios no permitirá que te tienten más allá de lo que puedas soportar (1 Corintios 10:13).

Cómo se resiste la tentación

He aquí algunas cosas que te ayudarán a permanecer fuerte en contra de la tentación.

La oración te ayudará a perseverar

Lucas dice: «Les refirió Jesús una parábola sobre la necesidad de orar siempre, y no desmayar» (Lucas 18:1). No podemos darnos el lujo de volvernos débiles y contemplar pensamientos que sabemos que no son buenos. Tenemos que orar hasta por el mínimo indicio de tentación.

Sé muy cauteloso cuando estés tratando de ayudar a otra persona para que resista la tentación. Puedes enredarte en el mismo pecado de la persona a la que tratas de ayudar. Esto es parte de la guerra secreta que el enemigo emprende contra nosotros en el campo de nuestra mente. Tú crees que puedes evitar que tus pensamientos se conviertan en acciones, pero lo cierto es que no puedes *pensar* en el mal y no quedar enganchado en él. El simple pensamiento, si se le da más de un momento, puede alojarse en tu mente. Pablo dice: «Si alguno fuere sorprendido en alguna falta, vosotros que sois espirituales, restauradle con espíritu de mansedumbre, considerándote a ti mismo, no sea que tú también seas tentado» (Gálatas 6:1). «Si los pecadores te quisieren engañar, no consientas» (Proverbios 1:10). Este es un apoyo bíblico para cualquier campaña de «Solo di no». Sin importar cuál sea la situación, ora con fervor.

La Palabra de Dios te fortalecerá

La Palabra de Dios es una guía, una luz en el buen camino. Revela cualquier cosa que sea mala. Te alienta para que te resistas a la tentación. Te anima a permanecer firme. Aumenta tu fe para que creas que Dios ha asegurado tu victoria en esta batalla. A fin de que resistas cualquier tentación que venga del enemigo, tienes que usar tu arma más poderosa, la cual es la Palabra de Dios. Eso fue lo que hizo Jesús, y si fue lo suficientemente buena para Él, de seguro que será lo suficientemente buena para ti y para mí.

Jesús había estado ayunando durante cuarenta días y cuarenta noches cuando Satanás llegó y le dijo: «Si eres Hijo de Dios, di que estas piedras se conviertan en pan» (Mateo 4:3). Satanás pensaba que podía tentar a Jesús para que comiera antes de que fuera tiempo, pero Jesús le respondió con la Palabra de Dios. Dijo: «Escrito está: No solo de pan vivirá el hombre, sino de toda palabra que sale de la boca de Dios» (Mateo 4:4).

El diablo intentó otra vez tentar a Jesús y lo llevó al pináculo del templo y le dijo que demostrara que era el Hijo de Dios lanzándose al suelo. Satanás incluso usó la Palabra de Dios *en contra* de Jesús al citar: «A sus ángeles mandará acerca de ti, y, en sus manos te sostendrán» (Mateo 4:6). En otras palabras: «Vamos, salta, Jesús, y si en realidad eres el Hijo de Dios, los ángeles te sostendrán». Jesús lo resistió con la Palabra de Dios diciéndole: «Escrito está también: No tentarás al Señor tu Dios» (Mateo 4:7).

Satanás trató una tercera vez al ofrecerle a Jesús el mundo si solo se inclinaba y lo adoraba. No obstante, Jesús de nuevo citó la Palabra de Dios diciendo: «Vete, Satanás, porque escrito está: Al Señor tu Dios adorarás, y a él solo servirás» (Mateo 4:10). Y allí es que Satanás se fue al fin «y he aquí vinieron ángeles y le servían» (Mateo 4:11).

El diablo tentó a Jesús para que hiciera lo que Él sabía que no era bueno. Resistió al diablo al citar la Palabra de Dios. Podemos hacer lo mismo y será igual de poderoso. Cuando el enemigo te tiente a pecar para demostrar algo o para obtener el mundo, cita la Palabra de Dios.

Jesús se identifica contigo cuando te están tentando. Así que clama su nombre y pronuncia la Palabra de Dios en medio de la tentación y Él te permitirá vencerla. «No tenemos un sumo sacerdote que no pueda compadecerse de nuestras debilidades, sino uno que fue tentado en todo según nuestra semejanza, pero sin pecado» (Hebreos 4:15). Porque el mismo Jesús «padeció siendo tentado, es poderoso para socorrer a los que son tentados» (Hebreos 2:18).

El enemigo siempre tratará de apartarte del camino que Dios tiene para ti. Esto es cierto en especial cuando estás a punto de tener un logro, cuando te mueves hacia algo nuevo que Dios está haciendo en tu vida, o tu ministerio está a punto de abrirse a un nuevo nivel de eficacia. A decir verdad, puedes esperar que el enemigo te tiente en la esfera que seas más vulnerable. Prepárate para eso. Busca los versículos de las Escrituras que suplan de mejor manera tu necesidad de soportar la tentación.

Ejemplos de las Escrituras que te preparan para la batalla

Cuando me vea tentado hacia la inmoralidad. «Pues la voluntad de Dios es vuestra santificación; que os apartéis de fornicación; que cada uno de vosotros sepa tener su propia esposa en santidad y honor; no en pasión de concupiscencia, como los gentiles que no conocen a Dios» (1 Tesalonicenses 4:3-5).

Cuando me vea tentado a mentir. «El testigo falso no quedará sin castigo, y el que habla mentiras no escapará» (Proverbios 19:5).

Cuando me vea tentado a desobedecer a Dios. «No entres por la vereda de los impíos, ni vayas por el camino de los malos» (Proverbios 4:14).

Cuando me vea tentado a rendirme ante los pensamientos lujuriosos. «La justicia de los rectos los librará; mas los pecadores serán atrapados en su pecado» (Proverbios 11:6).

Cuando me vea tentado a pensar que nadie lo sabrá. «Y no hay cosa creada que no sea manifiesta en su presencia; antes bien todas las cosas están desnudas y abiertas a los ojos de aquel a quien tenemos que dar cuenta» (Hebreos 4:13).

Cuando me vea tentado a seguir mis sentimientos. «El que confía en su propio corazón es necio; mas el que camina en sabiduría será librado» (Proverbios 28:26).

Las tentaciones como la lascivia o la avaricia son un fuerte impulso. No podemos lidiar con ellas por nuestra cuenta. Niégate a dejar que el enemigo destruya tu vida. «Os ruego [...] que os abstengáis de los deseos carnales que batallan contra el alma» (1 Pedro 2:11). No te permitas desear algo que sabes que es malo. Entrégaselo a Dios. «Acerquémonos, pues, confiadamente al trono de la gracia, para alcanzar misericordia y hallar gracia para el oportuno socorro» (Hebreos 4:16).

Jesús oró a Dios por sus discípulos: «No te pido que los quites del mundo, sino que los protejas del maligno» (Juan 17:15, NVI). ¿Cuánto más no deberíamos hacer esta oración por nosotros mismos y por los que queremos?

⚜ EL PODER DE LA ORACIÓN ⚜

Señor:

Te pido que me alejes de toda tentación de hacer o de pensar algo que no sea agradable a ti. Ayúdame a saber siempre lo que es bueno y permíteme hacerlo.

Líbrame de todos los ataques del maligno que trata de seducirme para que me aleje de lo que es bueno a tus ojos. Te pido que la fortaleza y el poder de tu Espíritu venzan la debilidad de mi carne.

Decido estar controlado por Dios y no por la carne. Sé que estoy muerto al pecado y vivo en Cristo Jesús y, por lo tanto, no permitiré que el pecado reine en mí. Me niego a rendirme ante la lascivia de mi carne por cualquier cosa que no sea tu voluntad para mí. Declaro que el pecado no tendrá control de mí, pues por tu poder y tu gracia puedo resistirlo (Romanos 6:11-14). Sé que puedo permanecer firme si me encuentro en la verdad de tu Palabra. Ayúdame a conocer bien tu Palabra y a que la recuerde todo el tiempo.

Señor, te doy gracias porque no permitirás que sea tentado más allá de lo que yo pueda soportar. Gracias por darme una salida para que escape de la tentación (1 Corintios 10:13). Te busco, Señor, y te pido que con el poder de tu Espíritu Santo me ayudes a soportar cualquier ataque del enemigo. Enséñame a tomar «el escudo de la fe» con el que podré «apagar todos los dardos del fuego del maligno» (Efesios 6:16).

Todo esto te lo pido en el nombre de Jesús.

❧ EL PODER DE LA PALABRA ❧

No os ha sobrevenido ninguna tentación
que no sea humana; pero fiel es Dios, que
no os dejará ser tentados más de lo que
podéis resistir, sino que dará también
juntamente con la tentación la salida,
para que podáis soportar.

1 CORINTIOS 10:13

Cada uno es tentado, cuando de su propia
concupiscencia es atraído y seducido.
Entonces la concupiscencia, después que ha
concebido, da a luz el pecado; y el pecado,
siendo consumado, da a luz la muerte.
SANTIAGO 1:14-15

Porque los que quieren enriquecerse caen en
tentación y lazo, y en muchas codicias necias y
dañosas, que hunden a los hombres en destrucción y
perdición; porque raíz de todos los males es el amor
al dinero, el cual codiciando algunos, se extraviaron
de la fe, y fueron traspasados de muchos dolores.
1 TIMOTEO 6:9-10

Sed sobrios, y velad; porque vuestro adversario
el diablo, como león rugiente, anda alrededor buscando a
quien devorar; al cual resistid firmes en la fe, sabiendo que
los mismos padecimientos se van cumpliendo en
vuestros hermanos en todo el mundo.
1 PEDRO 5:8-9

Así también vosotros consideraos muertos al pecado,
pero vivos para Dios en Cristo Jesús, Señor nuestro.
No reine, pues, el pecado en vuestro cuerpo mortal,
de modo que lo obedezcáis en sus concupiscencias; ni
tampoco presentéis vuestros miembros al pecado
como instrumentos de iniquidad, sino presentaos
vosotros mismos a Dios como vivos de entre los muertos,
y vuestros miembros a Dios como instrumentos de justicia.
Porque el pecado no se enseñoreará de vosotros;
pues no estáis bajo la ley, sino bajo la gracia.
ROMANOS 6:11-14

∼ 23 ∼

APÁRTATE DE LAS RELACIONES DESTRUCTIVAS

〰〰

L as buenas relaciones son cruciales para nuestro éxito en la vida. No podemos vivir bien sin ellas. Se han hecho estudios sobre la importancia de sistemas positivos de apoyo social relacionados con nuestra salud. Las conclusiones han sido que las buenas relaciones contribuyen a una mejor salud y a una tasa más baja de muertes. Esa es una buena razón por la que debemos orar a fin de que cada una de nuestras relaciones sea positiva, edificante, estimulante y que siempre glorifique a Dios.

La Biblia dice que dos personas con una amistad o una buena relación deberían hablar la verdad en *amor* y no lastimarse entre sí con opiniones personales negativas (Efesios 4:15). Un buen amigo no debería ser siempre voluble, de manera que nunca sabrás cómo reaccionará ni qué hará después (Proverbios 24:21-22). Un buen amigo no está enojado todo el tiempo por algo (Proverbios 22:24-25). Me he dado cuenta que demasiada gente, en especial las mujeres, soporta relaciones en las que la otra persona es voluble, irascible, negativa y casi siempre destructiva para su bienestar.

Sabemos cuando tenemos una buena relación. Y sabemos cuando tenemos una relación que es preocupante. Sin embargo, muchas veces no sabemos cuánto daño se nos está haciendo cuando continuamos en una relación destructiva. He conocido a mujeres que creo que han muerto de una enfermedad *porque* no abandonaron la relación destructiva con su esposo. No me refiero a que necesariamente tenían que haberse divorciado. Estoy diciendo que nunca debieron haber dejado que las cosas continuaran por mucho tiempo sin tratar los problemas que les resultaban destructivos. Es posible que parezca como que culpara a la víctima, pero no lo estoy haciendo, en absoluto. Solo sé cómo algunos de nosotros soportaremos con negatividad una relación debido a que pensamos que lo merecemos, tratamos de ser mártires, o tenemos miedo de enfrentar a la otra persona. Y eso no es lo que Dios quiere para nosotros de ningún modo.

Dios es perdonador, y se supone que debemos perdonar a los demás como Él nos perdonó a nosotros. Sin embargo, Él no dice que tengamos que seguir sometiéndonos al abuso, al daño, al dolor, al temor o al maltrato. Dijo que pusiéramos la otra mejilla, pero no dijo que permitiéramos que los demás nos hicieran estar enfermos, ansiosos, deprimidos o traumatizados. Podemos negarnos a dejar que continúen el pecado y la destrucción que le acompañan.

Aunque las buenas relaciones realzan nuestras vidas, las malas son mucho más dañinas de lo que pensamos. Tenemos que hacer lo posible para proteger y nutrir las buenas, pero dejar de tolerar las malas. Esas relaciones son las que a cada momento te hacen sentir alterado y desdichado.

No estoy diciendo que tengas que deshacerte de cada relación que pasa por un tiempo difícil. Lo que *estoy* diciendo es que cuando una relación llega a ser destructiva para ti, ponle un alto. No permitas que siga de esa manera. No es de Dios y no lo glorifica.

Cómo te apartas de una relación destructiva

Si tienes una relación con un amigo, familiar, vecino, compañero de trabajo o empleador que sea perjudicial para ti, necesitas apartarte de esa persona para que te liberes de eso. Aunque no puedes controlar cómo te tratarán todos, *puedes* controlar cómo *seguirán* tratándote.

No puedes hacer que una persona sea de otra manera de lo que está determinada a ser, pero tú puedes *apartarte* de una relación destructiva y negarte a permitir que alguien siga tratándote mal y quitándote la alegría. Si alguien siempre te hace sentir mal contigo mismo, con tu familia o con tu vida, déjale esa persona a Dios y ora por ella desde lejos.

Esto no es una licencia para huir de cualquier problema y negarte a arreglar las cosas. Es dejar una situación mala que crees que *no puede* marchar bien. Apartarse de una relación destructiva no significa que tengas que abandonar a esa persona por completo. Significa que te niegas a permitirle que sea destructiva *contigo*. Ya no permites que esa persona le dé negatividad a tu vida.

Ni por un momento pienses que mereces que te traten mal en una relación. ¡No es cierto! No permitas estar tan necesitado emocionalmente que consientas el abuso de cualquier clase. La gente que no tolera cualquier abuso físico a veces no logra ver cuando está ocurriendo el abuso verbal o emocional. Sabe que se siente mal cuando está con la otra persona, y percibe cómo sus palabras hieren su alma, pero no se da cuenta de que al permitirlo está tolerando que la destruyan.

Los que hemos desarrollado relaciones muy negativas, como lo hice yo con mi madre, hemos tenido un tiempo difícil tratando de entender lo que es una relación normal. Podemos verla en otros, pero no sabemos cómo desarrollarla nosotros mismos. Si estamos en una relación destructiva y estamos quebrantados en lo emocional, nos resulta más difícil liberarnos de ella. Tendemos a pensar que esa es la única clase de

214   El poder de una vida de oración

relación que merecemos, pero eso no es cierto. Lo cierto es que la única manera en que podemos crecer y desarrollarnos es en un ambiente amoroso, en un lugar donde nos sentimos seguros.

En todas las relaciones destructivas, no se trata solo de que alguien tenga una mala actitud o esté pasando por un mal día, se trata de alguien que a cada momento te hace sentir mal. Si tienes una persona así en tu vida, pídele a Dios que te muestre qué hacer al respecto. Si es posible, dile sin rodeos a esa persona cómo te sientes, no de una manera polémica, sino de una manera que dice: «Vamos, razonemos juntos». Si esa persona es demasiado testaruda para escuchar, o demasiado dura de corazón como para querer cambiar, no permanezcas allí. Tu tarea no es combatir con la voluntad firme de alguien. Ni Dios lo hará, y Él está mucho mejor equipado que tú.

Solo recuerda que si no estás casado con esa persona, la buena noticia es que *no estás casado con esa persona*. No tienes que permanecer en la relación y actuar como si lo estuvieras.

Cuando la relación más difícil es con tu cónyuge

Por supuesto, cuando tu relación más difícil es con tu cónyuge, eso es distinto. Hiciste un pacto con tu cónyuge, pronunciaste palabras de devoción, compromiso y amor ante Dios, y se deben el uno al otro y a Dios para hacer todo lo posible para que las cosas estén bien. Tienes que hacer lo que sea necesario para salvar, renovar, restaurar o resucitar tu matrimonio, porque esa es la voluntad de Dios. Tienes que pedirle a Dios que derrame su Espíritu en ambos y que abra sus corazones para su amor, sabiduría y propósito en sus vidas juntos.

La Biblia dice: «Por tanto, recibíos los unos a los otros, como también Cristo nos recibió, para gloria de Dios» (Romanos 15:7). Si una pareja de casados puede en verdad recibirse el uno al otro como Cristo los recibe a ellos, con perdón y amor, el poder de Dios puede transformar su matrimonio y sus vidas. No obstante, si una persona insiste en ser abusiva con la otra, eso cambia las cosas. Si continúas viviendo con una persona abusiva, siempre estás pensando: *Si hago esto, ¿le va a contrariar? ¿Hay algo que pueda decir que no le enoje? ¿Cómo va a estar hoy?*

Si estás en un matrimonio abusivo, no sacrifiques a la persona que Dios quiere que seas y lo que sabes que es bueno en el Señor al tolerarlo. Si lo haces, eso los destruirá a ambos. Permitir que un cónyuge abuse de ti te hace cómplice de su pecado. Ora y ora por eso hasta que sepas qué hacer. Si sientes que estás en peligro, aléjate de la relación hasta que algo cambie. Dios no te llamó a que estuvieras apesadumbrado, amenazado, derrotado, dañado, ni destruido. Aléjate del abusador hasta que tu cónyuge despierte, se arrepienta y comience a cambiar su camino de manera drástica. Si dudas en cuanto a lo que tienes que hacer, busca la ayuda de Dios y de buenos consejeros cristianos.

No permitas que tu cónyuge peque al permitirle que continúe abusando de ti. No permitas que saque lo peor de ti. Dios tiene algo mejor que eso para ambos.

En una buena relación, deberían edificarse el uno al otro y darse un sentido de apoyo y bienestar. Además, ninguna relación debería requerir tanto de ti que ya no tengas nada más para nadie más, ni tiempo para hacer lo que Dios te ha llamado a hacer. Si una relación te está atribulando, pídele a Dios que te muestre qué hacer en cuanto a eso. Sé que no te dirá que no hagas nada.

Pídele a Dios que esté a cargo de *todas* tus relaciones. Ora para que el enemigo no pueda entrar y destruir las buenas, y que puedas reconocer las que te están arrancando la vida y te están robando la paz. Una cosa es que si tienes una relación que pueda repararse, pero si sientes como que te estuvieras golpeando la cabeza en una pared de ladrillo, pídele a Dios que te ayude a seguir adelante. Algunas relaciones valen la pena arreglarlas, pero otras nunca cambiarán y solo pueden empeorar. Tienes que pensar si vale la pena el tiempo y el esfuerzo que requerirá y si estarás descuidando a alguien en el proceso.

⧼⧽ EL PODER DE LA ORACIÓN ⧼⧽

Señor:

Te doy gracias por la gente que has puesto en mi vida. Fortalece todas mis buenas relaciones. Ayúdame a tratar con las difíciles de una manera que te agrade. Quita cualquier relación destructiva y sin esperanza de mi vida, ya sea haciendo que mejore o sacando a esa persona de mi vida.

Dame sabiduría en cuanto a los amigos que escojo. Ayúdame a nunca estar en una relación con alguien que me aparte del camino que tienes para mí. Dame discernimiento para reconocer cuando una persona no sea una buena influencia.

Si tengo alguna relación que es destructiva para cualquiera de nosotros, permítenos cambiar a ambos para mejorarla o ayúdanos a dejarla. Te pido que envíes gente a mi vida que sea piadosa, sabia y fuerte en su conocimiento de ti. Ayúdanos a contribuir a la calidad de vida del otro. Enséñame a ser un buen amigo de los demás. Permíteme amar a los demás como a mí mismo (Gálatas 5:14).

Dame la habilidad de pasar por alto las cosas y de no guardar resentimientos en contra de alguien. Ayúdame a mostrarles siempre tu amor a los demás. Sana cualquier tensión que tenga con otra persona. Muéstrame las relaciones por las que vale la pena luchar, y ayúdame a darme cuenta cuando una relación siempre será destructiva, sin importar lo que yo haga. Permíteme moverme con la dirección de tu Espíritu Santo en esto. Te pido que tengas el control de todas mis relaciones, a fin de que sean lo que tú quieres que sean.

Todo esto te lo pido en el nombre de Jesús.

❧ EL PODER DE LA PALABRA ❧

Porque vosotros, hermanos,
a libertad fuisteis llamados; solamente
que no uséis la libertad como ocasión
para la carne, sino servíos por amor los
unos a los otros. Porque toda la ley
en esta sola palabra se cumple:
Amarás a tu prójimo como a ti mismo.
GÁLATAS 5:13-14

En todo tiempo ama el amigo.
PROVERBIOS 17:17

No te entremetas con el iracundo,
ni te acompañes con el hombre de enojos,
no sea que aprendas sus maneras,
y tomes lazo para tu alma.
PROVERBIOS 22:24-25

Si el hombre sabio contendiere con el necio,
que se enoje o que se ría, no tendrá reposo.
PROVERBIOS 29:9

Más valen dos que uno, porque obtienen
más fruto de su esfuerzo. Si caen,
el uno levanta al otro. ¡Ay del que
cae y no tiene quien lo levante!
ECLESIASTÉS 4:9-10, NVI

❧ 24 ☙

PRONUNCIA PALABRAS
QUE DEN VIDA

〰〰〰

Las palabras son importantes. Las palabras que pronunciamos tienen un mayor impacto de lo que creemos. La manera en que hablamos de nosotros mismos y de nuestras vidas nos afectan más de lo que sabemos. Y las palabras que les decimos a otros no solo *les* dan vida o muerte a *ellos*, sino también a *nosotros*. «El que guarda su boca, preserva su vida; el que mucho abre sus labios, termina en ruina» (Proverbios 13:3, LBLA).

Algún día tendremos que explicar cualquier palabra descuidada que hayamos pronunciado. Jesús dijo: «Mas yo os digo que de toda palabra ociosa que hablen los hombres, de ella darán cuenta en el día del juicio» (Mateo 12:36). ¿Quién quiere explicarle a Dios por qué dijimos algunas de las cosas tontas que hemos dicho? Es mejor guardar nuestras bocas y pedirle a Dios que nos ayude a pronunciar las palabras que dan vida.

Cómo corriges un problema del corazón

Se dice mucho en la Biblia acerca de la manera en que hablamos. En primer lugar, nuestras palabras son un indicio de la condición del corazón. Jesús dijo que «de la abundancia del corazón habla la boca» (Mateo 12:34). Decir palabras que sanan y bendicen significa que hay un buen corazón. Sin embargo, una señal de que hay un problema serio del corazón es decir palabras que son crueles, insensibles, engañosas, deshonestas o descuidadas.

La manera de combatir esta clase de problema del corazón es llenar tu corazón de la verdad, lo cual significa la Palabra de Dios. Cuando decimos palabras de nosotros o acerca de nosotros que infectan nuestra mente con mentira, eso afecta nuestra vida más de lo que nos damos cuenta. Si estamos diciendo mentiras acerca de nosotros, como: «Nunca voy a llegar a ninguna parte», «No puedo hacer nada bien» o «No hay salida para mis problemas», esta clase de monólogo interior tiene un impacto negativo en nosotros. Aunque en realidad no creamos esas cosas al principio, podemos llegar a convencernos. Podríamos pensar: *Solo son palabras*, pero es más que eso. La Biblia dice: «La muerte y la vida están en poder de la lengua, y el que la ama comerá de sus frutos» (Proverbios 18:21). Cada cosa que digamos promueve ya sea vida o muerte en nuestra propia vida y en las vidas de las personas con las que hablamos.

Pregúntate si las palabras que les dices a otros son inspiradas por Dios, por tus propios temores carnales, por actitudes y pensamientos negativos o por el enemigo. La Biblia dice: «Y has quedado preso en los dichos de tus labios» (Proverbios 6:2). No permitas que las palabras que dices te pongan una trampa en la que puedas caer.

Para tener éxito verdadero, tienes que decir la verdad de Dios acerca de ti y de tu vida. A fin de hacer eso, necesitas un corazón saludable que fluya con la abundancia del amor de Dios. Cuando tu corazón está bien, las palabras que dices lo estarán también.

Deja el monólogo interno negativo

Yo solía criticarme por todo. Y repetí pensamientos negativos de mí misma una y otra vez en mi mente por años.

Sin embargo, ya no lo hago. Descubrí que es la mayor pérdida de tiempo y no me lleva a ninguna parte. Todo lo que hace es entristecerme y paralizarme, de manera que mi vida se detiene por completo.

No hagas eso tampoco. Olvida lo que alguien te haya dicho, haya comentado de ti o te haya hecho. No permitas que tengan tanto control de tu vida. Y no añadas más heridas al decirte cosas negativas a cada momento. No hace bien. No cambia nada. En lugar de eso, piensa en lo que Dios dice de ti. Él dice que fuiste hecho de manera maravillosa y que valió la pena morir por ti. Dice que te ama y que te creó con un propósito grandioso.

Si a menudo te criticas a ti mismo, pídele a Dios que te muestre las buenas cosas de ti. Sé que esto quizá parezca egoísta, pero no lo es en realidad. A decir verdad, ser negativo contigo mismo todo el tiempo es egoísta. Además, es agotador y sin propósito.

Pídele a Dios que te dé la perspectiva adecuada de ti mismo y de tu vida. Dale gracias por crearte, por salvarte y amarte, y por darte un propósito. Pídele que te ayude a no poner obstáculos con el monólogo interno negativo a lo que Él quiere hacer en tu vida. A Él no le gusta. Y a ti tampoco debería gustarte. No tienes que vivir así.

Una de las mejores maneras para dejar el monólogo interno negativo es enfocarte en otros y ayudarlos de alguna manera. Si eres una de esas personas que no puede pensar algo bueno que tal vez pudiera hacer para ayudar a los demás debido a todas las cosas que sientes que están mal contigo, permíteme preguntarte: «¿Puedes sonreír y hablar?». Porque no tienes idea de cuánta gente hay en el mundo que podría tener un buen día y su vida mejoraría si solo alguien la mira a los ojos, le sonríe y le dice: «Hola».

Todos necesitamos amor, afirmación y aceptación. A la gente no le importa que tengas sobrepeso, que tengas defectos, que tu flequillo sea demasiado corto, que no seas buen jugador de tenis, que hayas reprobado biología, que te hayan despedido de tu trabajo, que estés atrasado con tus pagos de hipoteca, que no hayas estado en la portada de una revista, que no seas el mejor orador del mundo o cualquier otra cosa por la que te sientas inseguro. A ellos solo les importará que les sonreíste y que les dijiste que los viste, que reconociste su existencia y que los aceptaste y los aprobaste lo suficiente como para producir una sonrisa genuina y un saludo afectuoso. Si puedes hacerlo, no me digas que no tienes propósito ni ministerio. No tienes idea de lo dolorosamente solas y temerosas que están las personas. Lo sé porque yo solía ser una de ellas. Tú tienes el poder de decirles palabras a otros que les *dará* vida, así como a *ti mismo*. Se requiere de muy poco esfuerzo para decir palabras que animen.

Lo que estoy diciendo aquí es que no hables de manera negativa, ni contigo ni con nadie más. Habla de la verdad de la Palabra de Dios y del corazón de Dios. Habla palabras de amor, bondad, aceptación y ánimo con los demás. Es más, puedes comunicar todo eso en unas cuantas palabras amables cuando tienes el amor de Dios en tu corazón.

Cuando te hables a ti mismo, di palabras de esperanza en lugar de desesperanza. En lugar de decir: «No tienes esperanza», di: «Mi esperanza está en el Señor. Gracias, Señor, porque me has dado un futuro y una esperanza». Pronuncia la verdad *de Dios* para ti, no tu propio temor, duda, crítica, ni negativismo. No estoy diciendo que tengas que jugar con tu imaginación y que nunca seas sincero con tus sentimientos. Sin falta, no vivas una vida que niegue lo evidente. Eso no logra nada. Tampoco estoy hablando de cuando estás de buen humor y bromeas. No tienes que ser legalista en cuanto a esto. Solo sé consciente de lo que estás diciendo y por qué.

Si has dicho palabras de ti mismo que son negativas, confiésalo al Señor y pídele que quite esas actitudes de ti. Si le has dicho palabras duras o equivocadas a otra persona, o palabras que no eran necesariamente malas, pero sabes que no dieron vida, confiésalo al Señor y pídele que te dé un buen corazón.

Aprende a hablar bien

En mi Biblia he escrito las siguientes palabras al margen de un pasaje en particular de las Escrituras: «Cómo vivir». Por supuesto, toda la Biblia nos muestra cómo vivir, pero si fuéramos a vivir de acuerdo con estos siete versículos en particular, junto con los Diez Mandamientos, nos iría bien en nuestra vida diaria. Estos versículos también podrían encajar bajo el título de: «Cómo hablar», pues son una guía perfecta para decir palabras que dan vida:

No mientas, di la verdad. «Por lo cual, desechando la mentira, hablad verdad cada uno con su prójimo; porque somos miembros los unos de los otros» (Efesios 4:25).

No permitas que la ira influya en lo que dices. «Airaos, pero no pequéis; no se ponga el sol sobre vuestro enojo» (Efesios 4:26).

No le des al enemigo un lugar en tu corazón. «Ni deis lugar al diablo» (Efesios 4:27).

Habla palabras que sean positivas y sinceras, no dudosas ni fraudulentas. «Ninguna palabra corrompida salga de vuestra boca, sino la que sea buena para la necesaria edificación, a fin de dar gracia a los oyentes» (Efesios 4:29).

No entristezcas al Espíritu Santo con lo que dices. «Y no contristéis al Espíritu Santo de Dios, con el cual fuisteis sellados para el día de la redención» (Efesios 4:30).

No hables palabras negativas, malas, ni amargas. «Quítense de vosotros toda amargura, enojo, ira, gritería y maledicencia, y toda malicia» (Efesios 4:31).

Que tu lenguaje sea semejante al de Cristo: amoroso, amable y perdonador. «Antes sed benignos unos con otros, misericordiosos, perdonándoos unos a otros, como Dios también os perdonó a vosotros en Cristo» (Efesios 4:32).

Habla la Palabra con audacia

Después que el sumo sacerdote los interrogó y los liberó, Pedro y Juan fueron a ver a sus compañeros y oraron juntos, a fin de que todos pudieran hablar con audacia y Dios extendiera su mano para sanar y hacer señales y maravillas en el nombre de Jesús (Hechos 4:23-30). En cuanto oraron, «el lugar en que estaban congregados tembló; y todos fueron llenos del Espíritu Santo, *y hablaban con denuedo la Palabra de Dios*» (Hechos 4:31, énfasis añadido).

Dios nos da, a los que creemos en su Hijo, la habilidad de hablar palabras que tienen poder concedido por el Espíritu Santo. Nosotros también podemos pedirle a Dios que nos ayude a hablar la Palabra de Dios con audacia.

Dios creó el mundo con sus palabras. Él también te da el poder de crear tu mundo con tus palabras. Ora en cualquier parte que estés de modo que puedas decirles palabras a otros que conmuevan sus vidas y los dispongan para la influencia del Espíritu Santo. Que las palabras que hables den vida no solo a ti y a tu condición, sino a todos los demás con los que tienes contacto. Poder hablar la verdad de Dios con audacia es uno de los pilares en el que se fundamenta una vida de verdadero éxito.

❧ EL PODER DE LA ORACIÓN ❧

Señor:

Ayúdame a hablar palabras que edifiquen y que no destruyan, palabras que elogien en lugar de que critiquen, palabras que hablen del amor incondicional y no de expectativas humanas, y palabras que infundan confianza en lugar de ansiedad. Ayúdame a tener esa fe en tu control en mi vida de modo que pueda hacer «todo sin murmuraciones y contiendas» (Filipenses 2:14).

Si he dicho cosas negativas de mí mismo o de otra persona, perdóname. Vuélveme a llenar de tu Espíritu Santo y derrama en mi corazón tu amor, tu paz y tu gozo. Ayúdame a tratarme con respeto, bondad, paciencia y amor, tanto a mí como a los demás. Ayúdame a decir siempre con convicción que no pecaré con mi boca (Salmo 17:3).

Señor, ayúdame a negarme a decir cosas negativas de mí mismo. Cada vez que comience a decir una palabra de crítica, ayúdame a dejarlo de inmediato y a no seguir en esa línea de pensamiento. Enséñame a vigilar las palabras que les digo a los demás. No dejes que diga palabras equivocadas que pudieran herir a alguien o rebajarle de cualquier manera. Ayúdame a no ser descuidado en este sentido.

Enséñame a decir siempre las palabras que apoyan tu verdad y que te glorifican. «Sean gratos los dichos de mi boca y la meditación de mi corazón delante de ti, oh Jehová, roca mía, y redentor mío» (Salmo 19:14).

Todo esto te lo pido en el nombre de Jesús.

⊱ EL PODER DE LA PALABRA ⊰

Los labios del justo saben hablar
lo que agrada; mas la boca de los
impíos habla perversidades.

PROVERBIOS 10:32

Hay hombres cuyas palabras son como
golpes de espada; mas la lengua
de los sabios es medicina.

PROVERBIOS 12:18

Jehová el Señor me dio lengua de sabios,
para saber hablar palabras al cansado;
despertará mañana tras mañana,
despertará mi oído para que
oiga como los sabios.

ISAÍAS 50:4

Tú has probado mi corazón,
me has visitado de noche;
me has puesto a prueba, y nada inicuo hallaste;
he resuelto que mi boca
no haga transgresión.

SALMO 17:3

Y en tu boca he puesto mis palabras,
y con la sombra de mi mano te cubrí.

ISAÍAS 51:16

❧ 25 ❧

SÉ SANTO COMO DIOS ES SANTO

〰〰〰

uizá estés pensando: *¿Ser santo? ¿Yo? No hay manera de que pueda ser santo.* Y tendrías razón por completo.

Y te equivocarías por completo.

La verdad es que no hay manera de que puedas ser santo *por ti mismo*. Sin embargo, Dios puede hacerte santo. Jesús preparó el camino para que sucediera eso cuando destruyó la separación entre tú y Dios que existía por el pecado. El pecado no es compatible con la santidad de Dios.

Dios le dijo a su pueblo: «Santos seréis, porque santo soy yo Jehová vuestro Dios» (Levítico 19:2). Aun así, Él no está promulgando un mandamiento de «ser santos» de la manera en que le decimos «siéntate» a un perro. Él nos está extendiendo una amable invitación que dice: «Ven y sé santo como yo». A pesar de eso, no podemos decir: «Voy a ser santo hoy» y entonces lo somos. Solo cuando invitamos a la naturaleza de Dios que se impregne en nosotros, cuando nos apartamos del mundo y nos alineamos con Él, es que podemos ser santos. Nos hacemos santos al estar en contacto cercano con la santidad de Dios.

Mientras más busquemos a Jesús, más llegamos a ser como Él. Mientras más tiempo pasemos en la presencia de Dios, más adquirimos sus atributos. Estamos siendo *«transformados de gloria en gloria en la misma imagen»* (2 Corintios 3:18, énfasis añadido). Es algo que *Él* hace en nosotros cuando vivimos a *su* manera. No es nada por lo que podamos atribuirnos el mérito, porque todo es por Él.

La santidad no es un código externo ni un grupo de reglas. Una persona santa obedece las reglas de Dios, pero eso ocurre de adentro hacia fuera. En otras palabras, el Espíritu Santo *en* ti te enseña, guía y te ayuda a obedecer. De otra manera, sería como si pusieras naranjas en un árbol y lo llamaras un naranjo. Si la vitalidad de las naranjas no viene de adentro, no está conectado a ninguna fuente de vida. Eso significa que no hay un crecimiento real.

Recibir a Jesús y memorizar las Escrituras no hace que seas santo. Sin duda, tienes que hacer esas cosas, pero ese es solo el comienzo. Dios dice que seamos santos como Él es santo. Sin embargo, *nosotros* no podemos hacernos santos. Las reglas de la Biblia no nos hacen santos. Nuestra propia justicia no logra nada. Nuestra justicia se basa en recibir a Jesús, que es justo, y estar lleno del Espíritu Santo. El Espíritu Santo en nosotros es lo que nos hace santos.

Ser santo significa «estar apartados». Eso quiere decir que nos separamos de cualquier cosa que no sea santa. Hacemos eso al vivir en obediencia a Dios y amándolo más que a cualquier otra cosa. Es reconocer que todo lo que el mundo tiene que ofrecer no es nuestra fuente de significado. Dios sí lo es. No se nos saca de este mundo; se nos pone en el mundo. Además, el mundo no es nuestra fuente de vida.

A medida que crecemos en el Señor, el Espíritu Santo llega a ser un corrector personal dentro de nosotros. Él nos guía y nos damos cuenta de que hacemos cosas obedientes, ya sin siquiera preguntar si queremos hacerlas. Y si alguna vez pensamos en hacer algo malo, sentimos un inconfundible remordimiento de conciencia que se hace con la precisión similar a la de un bisturí.

Ser santo no significa ser perfecto. Nunca podemos ser eso. Así que no permitas que te venza el perfeccionismo. Los perfeccionistas siempre están frustrados porque no pueden hacer que todo sea perfecto. Lo sé porque estoy entre ellos. Nos volvemos desdichados al ver todas las imperfecciones en nuestro matrimonio, en nuestro trabajo, en nuestra vida, en el mundo. Tenemos que aprender la diferencia entre tener orden en nuestra vida, que sin él no podemos funcionar bien, y tratar de hacer que las cosas sean perfectas, que no solo nos volverá locos a nosotros, sino también a *todos los demás* que nos rodean.

La buena noticia es que vamos a disfrutar el cielo de manera especial, donde todo es perfecto y siempre está en orden. Sin embargo, hasta entonces tenemos que comprender que no podemos *ser* perfectos ni podemos *hacer* las cosas perfectas. Además, no podemos juzgar las imperfecciones de otros. Tenemos que darles a los demás la misma gracia que nos da Dios. Esto incluye a nuestro cónyuge, hijos, jefe, amigos, familiares y pastores. No podemos esperar que sean tan perfectos como deseamos ser nosotros mismos.

Ser santo no es tan fácil como parece. (No te preocupes; sé que no parece fácil). Aun así, tampoco es tan imposible como parece. Debido a lo que eres, un hijo de Dios, y por quien vive en ti, el Espíritu Santo, puedes ser santo. Dios se refiere a ti como parte de una «nación santa» de creyentes que nos llamó de las tinieblas (1 Pedro 2:9). Tienes el *llamado* a separarte de todas las tinieblas y del pecado. «Como hijos obedientes, no os conforméis a los deseos que antes teníais estando en vuestra ignorancia; sino, como aquel que os llamó es santo, sed también vosotros santos en toda vuestra manera de vivir (1 Pedro 1:14-15). Tienes que dar pasos deliberados para enmendarte.

De esta manera limpias tu casa

He aquí algunas cosas prácticas que puedes hacer para abrir tu vida y tu corazón a la santidad de Dios.

Pídele a Dios que purifique tu corazón

Mientras más cerca caminemos del Señor, nuestros corazones serán más puros y veremos a Dios con mayor claridad. «Bienaventurados los de limpio corazón, porque ellos verán a Dios» (Mateo 5:8).

Deshazte de cualquier vínculo a otra religión o fe

Dios nos manda con claridad que no debemos tener otro dios aparte de Él. Isaías habla de un sendero por el que tenemos que andar como creyentes. Además, solo los que toman parte de la santidad de Dios pueden andar por este camino. «Y habrá allí calzada y camino, y será llamado Camino de Santidad; no pasará inmundo por él, sino que él mismo estará con ellos; el que anduviere en este camino, por torpe que sea, no se extraviará» (Isaías 35:8). Eso significa que aunque cometamos un error tonto, porque somos creyentes en Jesús y no tenemos vínculos con cualquier otro dios, nos guiarán con protección. También dice que obtendremos «gozo y alegría» (Isaías 35:10). Esto no sucederá si tenemos vínculos con alguna otra religión o fe.

Deshazte de libros o artefactos que glorifican lo oculto o a otros ídolos

Estas cosas tienen que destruirse y no entregárselas a otras personas para que no comprometan ni confundan su vida. Los espíritus están asociados con esos artículos y no querrás que se asocien contigo ni con nadie más. «Asimismo muchos de los que habían practicado la magia trajeron los libros y los *quemaron* delante de todos» (Hechos 19:19, énfasis añadido). Pídele a Dios que te muestre cualquier cosa de la que necesitas deshacerte.

Sepárate del mundo

La separación del mundo no significa que ya nunca puedes ir a una estación de gasolina, ni a una tienda de comestibles, ni a un restaurante. Significa que el Espíritu Santo en ti ya nunca debe estar alineado con el espíritu de oscuridad del mundo. Tenemos que limpiarnos de toda la contaminación de nuestra carne, mente y espíritu, y buscar vivir una vida santa (2 Corintios 7:1). No significa que nunca nos asociemos con los no creyentes. Significa que no permitamos que el mundo nos dicte nuestros pensamientos, creencias y acciones.

Busca la santidad con un espíritu humilde

No podemos morar con el Señor si no tenemos un corazón humilde. «Porque así dijo el Alto y Sublime, el que habita la eternidad, y cuyo nombre es el Santo: *Yo habito en la altura y la santidad, y con el quebrantado y humilde de espíritu*, para hacer vivir el espíritu de los humildes, y para vivificar el corazón de los quebrantados» (Isaías 57:15, énfasis añadido). Para ver a Dios, tenemos que desear su santidad. «Seguid la paz con todos, y la santidad, sin la cual nadie verá al Señor» (Hebreos 12:14). No podemos hacer eso sin un corazón humilde.

Adora a Dios con regularidad todos los días

La adoración es el vínculo directo con la santidad de Dios. A medida que adoramos a Dios, en especial por su santidad, llegamos a ser unas vasijas abiertas en la que Dios derrama su Espíritu. Cuando eso ocurre, esta nos transforma. La impiedad del mundo pierde todo su atractivo. «Pues no nos ha llamado Dios a inmundicia, sino a santificación» (1 Tesalonicenses 4:7). No olvides que llegamos a ser como lo que adoramos. Mientras más adoramos a Dios por su santidad, más nos empaparemos de ella en nuestra vida. «Dad a Jehová la gloria debida a su nombre; adorad a Jehová *en la hermosura de la santidad*» (Salmo 29:2, énfasis añadido). Los

ángeles que rodean el trono de Dios están alabándolo sin cesar
por su santidad (Isaías 6:2-3). Nosotros también tenemos que
hacerlo en cualquier momento que podamos.

Cuando una gran multitud de enemigos vino a pelear en
contra de Josafat, él y su pueblo ayunaron y oraron por la
ayuda de Dios (2 Crónicas 20:1-4). Dios les dijo: «No tengan
miedo ni se acobarden cuando vean ese gran ejército, porque
la batalla no es de ustedes sino mía [...] Salgan mañana contra
ellos, porque yo, el Señor, estaré con ustedes» (2 Crónicas
20:15-17, nvi). Entonces Josafat nombró a cantantes de
adoración para salir delante del ejército «y alabar el *esplendor
de su santidad*» (2 Crónicas 20:21, nvi, énfasis añadido).
Mientras lo hacían, el enemigo cayó derrotado por completo.
Qué gran lección para nosotros.

Dios te ama tanto que quiere darte un poco de sí mismo.
Hasta quiere compartir su santidad, que es la esencia de quien
es Él. «No hay santo como el Señor» (1 Samuel 2:2, lbla).
Cuando llenas el lugar de alabanza, Él te llena con su santidad,
y eso hace que ganes la batalla en contra de tu enemigo.

Jesús fue santo en la tierra (Hechos 4:29-30). Él estaba
en el mundo, pero no era *del* mundo. Y Él es nuestro modelo
a seguir. Se dedicó por completo a Dios y quería que solo se
hiciera la voluntad de Dios. Murió por nosotros, pagando el
precio de nuestra impiedad, y resucitó a fin de tener la victoria
sobre la muerte y el infierno, y nos envió su Espíritu Santo
para que fuera una absoluta garantía de que tenemos acceso a
la santidad de Dios.

Alaba a Dios por su santidad, y permite que esta se
convierta en un depósito de donde saques cada día tu propia
santidad.

∽ EL PODER DE LA ORACIÓN ∾

Señor:

Ayúdame a ser santo, así como tú eres santo. Jesús, ayúdame a caminar como tú caminaste en la tierra (1 Juan 2:6). Permíteme ser un imitador tuyo (Efesios 5:1). Lléname de tu santidad y límpiame, de adentro hacia fuera, de cualquier cosa en mí que no sea santa. Revélame lo que esté oculto dentro de mí y que necesite deshacerme de ello: cualquier actitud, pensamiento o pecado que deba irse de mi vida. Sepárame de todo lo que me aparta de ti. Señor, ayúdame a deshacerme de cualquier cosa en mi vida que no te glorifique. Dame la convicción y la fortaleza que necesito para alejarme de cualquier cosa que no sea compatible con tu santidad en mí. «¿Quién como tú, magnífico en santidad?» (Éxodo 15:11). Tú eres poderoso y has hecho grandes cosas para mí. Santo es tu nombre (Lucas 1:49).

Ayúdame a mantener siempre un corazón humilde de adoración ante ti. Purifica mi corazón y mi mente a fin de que pueda ser partícipe de tu santidad (Hebreos 12:10). Eres digno de toda la alabanza, el honor y la gloria porque solo tú eres santo.

«Jehová, tú eres mi Dios; te exaltaré, alabaré tu nombre, porque has hecho maravillas» (Isaías 25:1). Te canto alabanzas, Señor, y doy gracias al recordar tu santo nombre (Salmo 30:4). Te adoro en la belleza de tu santidad (Salmo 29:2).

Todo esto te lo pido en el nombre de Jesús.

❧ El poder de la Palabra ☙

Así que, amados, puesto que
tenemos tales promesas, limpiémonos de toda
contaminación de carne y de espíritu,
perfeccionando la santidad en
el temor de Dios.

2 Corintios 7:1

¿Quién subirá al monte de Jehová?
¿Y quién estará en su lugar santo?
El limpio de manos y puro de corazón;
el que no ha elevado su alma a cosas vanas,
ni jurado con engaño.

Salmo 24:3-4

Concedernos que, librados de la mano
de nuestros enemigos, le sirvamos sin temor.

Lucas 1:74-75, lbla

Hablo como humano, por vuestra
humana debilidad; que así como para
iniquidad presentasteis vuestros miembros
para servir a la inmundicia y a la iniquidad,
así ahora para santificación presentad
vuestros miembros para servir a la justicia.

Romanos 6:19

Según nos escogió en él antes de la fundación
del mundo, para que fuésemos santos
y sin mancha delante de él.

Efesios 1:4

৵ 26 ৵

RECONOCE A TU ENEMIGO

〜〜〜〜

Tienes un enemigo. Y no puedes vivir en la libertad que Dios tiene para ti si no reconoces quién es tu enemigo.

Tu enemigo es el diablo. Es posible que tengas personas en tu vida que actúan como el diablo, y otros que se te presentan como producto del infierno, pero no son tus enemigos. Satanás es tu enemigo. Él es el «dios de este siglo» que ciega a la gente a la verdad, para que no pueda ver la luz (2 Corintios 4:3-4).

Nunca podrás disfrutar de la plenitud que Dios tiene para ti si aceptas como verdad las mentiras del enemigo, que quiere robarte. No puedes lograr el verdadero éxito si no puedes resistir al enemigo, que está tratando de destruir tu vida. La buena noticia es que no tienes que vivir con los ataques del enemigo, porque Dios es mayor que cualquier cosa que el enemigo pueda manifestar en oposición a ti. Dios está de tu lado (Salmo 118:6). Te pregunto: si *Dios* está contigo, ¿quién puede tener éxito en tu contra (Romanos 8:31)?

Quizá estés pensando que no quieres tener nada que ver con el diablo. Sin embargo, lo tendrás, ya sea que lo quieras o no. Así como Dios tiene un plan para tu vida, el enemigo tiene un plan para ti también. Tú quieres que tengan éxito los planes de Dios para tu vida y que fracasen los planes del enemigo. Esto requiere de comprensión de la voluntad de Dios y que vivas en ella, así como que sepas quién es tu enemigo y cuáles son sus planes. Jesús dijo: «El ladrón no viene sino para hurtar y matar y destruir, yo he venido para que tengan vida, y para que la tengan en abundancia» (Juan 10:10). Eso te dice todo lo que necesitas saber de *quién* planea *qué* cosas para ti.

Dios te ha dado varias armas para combatir al enemigo y una armadura para usar como protección. Tienes que aprender a vestirte «de toda la armadura de Dios, para que podáis estar firmes contra las asechanzas del diablo. Porque no tenemos lucha contra sangre y carne, sino contra principados, contra potestades, contra los gobernadores de las tinieblas de este siglo, contra huestes espirituales de maldad en las regiones celestes» (Efesios 6:11-12). Si te pones toda la armadura de Dios, puedes soportar cualquier cosa que te envíe el enemigo (Efesios 6:13).

La armadura de Dios no es algo que nos pongamos y, luego, vayamos a escondernos debajo de la cama. No nos la ponemos nada más para estar a la defensiva, sino también para estar a la ofensiva. Aunque es cierto que nuestra batalla con el enemigo ya se ganó, por lo que Jesús logró en la cruz, eso no significa que no tengamos que hacer nada. Tenemos que demostrar una fe firme en Dios y en su Palabra, y tenemos que orar con determinación sin retroceder.

El Faraón persiguió a los israelitas cuando salieron de Egipto. Cuando él y su enorme ejército se les acercaban en la orilla del Mar Rojo, los israelitas estaban aterrorizados por su enemigo y clamaron a Dios. Le preguntaron a Moisés por qué los había llevado allí a morir en el desierto. Él les dijo: «No temáis; estad firmes, y ved la salvación que Jehová hará hoy con vosotros; porque los egipcios que hoy habéis visto, nunca más para siempre los veréis. Jehová peleará por vosotros, y vosotros estaréis tranquilos» (Éxodo 14:13-14).

Dios también peleará por *nosotros* en contra de nuestro enemigo. Sin embargo, Él no espera que no hagamos nada. Los israelitas tuvieron que *confiar* en Dios. Y *nosotros* también. Tuvieron que pararse en el fondo del mar con una pared de agua a ambos lados y cruzar hacia el otro lado. Cuánta fe se tuvo que haber requerido. Dios también nos abrirá el camino, pero de igual modo nosotros tenemos que dar el paso de fe y hacer lo que Él nos dice que hagamos. Tenemos que usar las armas espirituales que nos ha dado: su Palabra, la oración y la adoración. Tenemos que estar en el lugar apropiado y en el tiempo adecuado, lo que significa estar en el refugio protector de su voluntad.

Resiste al enemigo con la Palabra de Dios

La Palabra de Dios es tu arma más poderosa en contra del enemigo. Al describir la armadura de Dios, se habla de su Palabra como «la espada del Espíritu» (Efesios 6:17). Penetra a través de todo. Si no conoces la verdad de Dios, no puedes discernir las mentiras del enemigo. El enemigo le quitará la Palabra de Dios al que no esté firme en el conocimiento de ella (Marcos 4:15). Lee a menudo Efesios 6:10-18 en tu Biblia, a fin de que siempre entiendas la armadura que te ha dado Dios. Nunca te canses de leer la Palabra de Dios, sabiendo que el enemigo nunca se cansa de hacer el mal (1 Pedro 5:8).

Resiste al enemigo con la oración

Si la Palabra de Dios es nuestra arma, la oración es la manera en que peleamos la batalla. La oración también es parte de tu armadura. La oración es la pelea en sí. No dejes que el enemigo te mantenga batallando con enfermedad, heridas, miseria, un desastre tras otro, problemas con los hijos, contiendas en tu matrimonio, problemas financieros y amenazas constantes al bienestar de tu vida. Dios te ha dado autoridad en la oración.

Usa la autoridad que se te ha dado en el nombre de Jesús. «He aquí os doy potestad de hollar serpientes y escorpiones, y *sobre toda fuerza del enemigo*, y nada os dañará» (Lucas 10:19, énfasis añadido). Si estás enfrentando la agresión del enemigo, declara la verdad y las promesas de Dios en tus oraciones. Ora por lo que está pasando y dale gracias a Dios, pues Él te guardará del mal (2 Tesalonicenses 3:3).

Cuando la situación sea seria, *ayuna* y ora. El enemigo no puede seguir oponiéndose a ti por mucho tiempo cuando lo haces. Por eso es que la oración y el ayuno son poderosos para liberarte de las amenazas del mal. (Más acerca de esto en el capítulo 27: «Ayuna y ora para ganar»).

Resiste al enemigo con la adoración

Una de las armas más poderosas en contra del enemigo es la adoración. La adoración es un arma de guerra porque recibe la presencia de Dios. El enemigo no puede estar en la presencia de Dios. La odia. Hace que recuerde cuando abandonó su trabajo como líder de adoración en el cielo porque quería exaltarse a sí mismo y ser como Dios. Su caída fue grande, y sabe que está derrotado, pero está contando con personas como tú y como yo que pasen por alto eso.

El enemigo me ha atacado un sinnúmero de veces en los aspectos de mi salud, mente, matrimonio, hijos, emociones, trabajo, etc., etc. Cada vez que eso ocurre, le pido a Dios que me muestre todo lo que necesito saber de lo que está pasando. Declaro la Palabra de Dios y después adoro a Dios de *cualquier manera* y por *todo* lo que se me ocurra. Lo alabo por lo que es Él y lo que ha hecho. En cada ocasión, la adoración y la alabanza han roto la fortaleza que el enemigo estaba tratando de erigir en mi vida. «Invocaré a Jehová, *quien es digno* de ser alabado, y seré salvo de mis enemigos» (Salmo 18:3, énfasis añadido).

Resiste al enemigo al estar en la voluntad de Dios

Es algo poderoso someter tu vida a Dios y vivir en obediencia a sus caminos. «Someteos, pues, a Dios; resistid al diablo, y huirá de vosotros» (Santiago 4:7). Si el enemigo te ataca, pídele al Señor que te muestre cualquier lugar en tu vida donde no andes en obediencia a los caminos de Dios ni a su voluntad. Recuerda que todos sus caminos son para tu beneficio (Salmo 19:9).

Dicho esto, si estás viviendo en obediencia de la mejor manera posible y estás en la voluntad de Dios, de acuerdo con lo que conoces bien, no permitas que el enemigo haga que te culpes por lo que está haciendo *él*. Verter culpa y condenación es una de sus tácticas favoritas y él descargará tanto como tú lo aceptes.

Ten en mente que cuando estás caminando con Dios y vives a su manera, estás en el lado que gana. A fin de cuentas, el enemigo pierde (Juan 12:31). Por supuesto, si caminas fuera de la voluntad de Dios, te apartarás del refugio de su protección y le darás entrada al enemigo. Si eso pasa, recuerda de qué lado *estás* y vuelve al alineamiento apropiado con Dios.

Pídele a Dios que te muestre lo que pasa en realidad

Cuando está pasando algo inquietante y no estás muy seguro de lo que sucede en realidad, pídele a Dios que te muestre si es parte de *su* plan para tu vida o si es un ataque del enemigo. No seas demasiado rápido para culparte a ti, a tu cónyuge, a tu jefe o a tu vecino. Quizá venga por completo del campamento enemigo. Ora para que tus ojos se abran a la verdad. Pídele a Dios que te ayude a discernir lo que estás enfrentando.

Mientras mejor conozcas a Dios y su Palabra, y mientras más cerca camines de Él, más rápido podrás ubicar una falsificación e identificar al enemigo. Dios no va a llevar algo malo a tu vida (Salmo 25:8). Él nunca te destruirá, ni traerá problemas, ni causará contienda entre tú y tu cónyuge. Esa es la obra del enemigo.

También tienes que tratar de discernir entre la oposición *espiritual* y la oposición *humana*. Aunque el enemigo existe en el reino espiritual, puede manifestarse por medio de cualquiera que crea sus mentiras. La oposición humana ocurre porque la gente, de manera ignorante, se permite llegar a ser instrumento del enemigo. Si no entendemos eso, podríamos estar perdiendo nuestro tiempo, luchando en contra de una persona, o varias personas, en lugar de pelear en contra del enemigo, como deberíamos hacerlo.

Si estás teniendo una oposición tremenda de otra persona, ve a la guerra en el reino espiritual. Muchas veces, la batalla puede establecerse allí. Me he dado cuenta que esto es cierto sobre todo en el matrimonio. Si las parejas de casados que están peleando se dieran cuenta de lo frecuente que el enemigo es el que está inspirando las acciones y las palabras de uno o de ambos cónyuges, verían cómo les están utilizando como sus peones. Dios quiere que tu matrimonio sea bueno; el enemigo quiere verlo destruido. «Pues aunque andamos en la carne, no militamos según la carne; porque las armas de nuestra milicia no son carnales, sino poderosas en Dios para la destrucción de fortalezas» (2 Corintios 10:3-4).

Dios le dijo a Jeremías: «Clama a mí, y yo te responderé, y te enseñaré cosas grandes y ocultas que tú no conoces» (Jeremías 33:3). Todos necesitamos esa clase de comprensión del reino espiritual con el propósito de entender a lo que nos enfrentamos y el grado de fortaleza que el Señor pone en nombre de nosotros. A fin de orar con mayor eficacia, pídele a Dios lo que necesitas saber, de modo que puedas tener un sentido de *qué* estás pidiendo y *cómo* quiere Él que ores.

Jesús vino a derrotar al enemigo, y lo hizo. «Para esto apareció el Hijo de Dios, para deshacer las obras del diablo» (1 Juan 3:8). Debido a que Él es tu Salvador, no tienes que vivir con temor de lo que el enemigo intentará hacerte. Solo permanece cerca de Dios y confía en su poder para ti. Él promete: «No te desampararé, ni te dejaré» (Hebreos 13:5). Aun así, siempre mantén tus armas listas.

EL PODER DE LA ORACIÓN

Señor:

Te agradezco porque me has librado de mi enemigo. Gracias, Jesús, porque viniste «para deshacer las obras del diablo» y ya ganaste la batalla (1 Juan 3:8). Ayúdame a que no me engañe el engañador. Abre mis ojos a la verdad para que pueda identificar sus mentiras. Sé que «si anduviere yo en medio de la angustia, tú me vivificarás; contra la ira de mis enemigos extenderás tu mano, y me salvará tu diestra» (Salmo 138:7).

Ayúdame a ser «sabios para el bien, e ingenuos para el mal» porque sé que tú, el Dios de paz, «aplastará en breve a Satanás» bajo mis pies (Romanos 16:19-20). Ayúdame a tomar «toda la armadura de Dios» para que pueda estar firme durante el ataque del enemigo (Efesios 6:13).

Señor, ayúdame a ser consciente cuando el enemigo esté atacando. Ayúdame a estar firme en tu Palabra y no cesar en la oración a fin de que no me tome por sorpresa. Ayúdame a nunca darle «lugar al diablo» con desobediencia a tus caminos (Efesios 4:27). En lugar de eso, ayúdame a someterme a ti y a resistir al diablo para que él huya de mí (Santiago 4:7). Permíteme permanecer en tu voluntad de modo que nunca me aparte de la cobertura de tu protección. Enséñame a hacer de la adoración a ti mi primera reacción al ataque del enemigo. Te alabo, Señor, porque tú me has «librado de toda angustia, y mis ojos han visto la ruina de mis enemigos» (Salmo 54:7).

Todo esto te lo pido en el nombre de Jesús.

☙ EL PODER DE LA PALABRA ☙

Sed sobrios, y velad; porque
vuestro adversario el diablo,
como león rugiente, anda alrededor
buscando a quien devorar.

1 Pedro 5:8

Tú, enemiga mía, no te alegres de mí,
porque aunque caí,
me levantaré; aunque more en tinieblas,
Jehová será mi luz.

Miqueas 7:8

Díganlo los redimidos de Jehová,
los que ha redimido del
poder del enemigo.

Salmo 107:2

No con ejército, ni con fuerza,
sino con mi Espíritu, ha dicho
Jehová de los ejércitos.

Zacarías 4:6

Los que amáis a Jehová,
aborreced el mal;
él guarda las almas de sus santos;
de mano de los impíos los libra.

Salmo 97:10

27

AYUNA Y ORA PARA VENCER

~~~~~~~~~

El ayuno y la oración al Señor es una de las cosas más poderosas que puedes hacer jamás. Creo que es una disciplina espiritual tan importante que no veo cómo experimentarás libertad total, plenitud completa y verdadero éxito sin ella.

El ayuno es no ingerir comida a propósito por un período específico, a fin de que puedas darle la espalda a lo que más quiere tu carne y sitúes a Dios como todo. El ayuno te lleva a un conocimiento mayor del Señor y libera una obra más poderosa del Espíritu Santo en tu vida.

En Isaías 58 se pueden encontrar más de veinticinco grandes razones para ayunar, y cualquiera de ellas sería razón suficiente para participar de esta disciplina espiritual. Solo en el versículo 6 hay cuatro grandes razones:

1. *«Para desatar las ligaduras de impiedad»*. Cuando el mal tenga control sobre ti, el ayuno te libera y obra libertad *en* tu vida. Es como si el Espíritu Santo derramara aceite de unción sobre ti y el enemigo no

pudiera agarrarse. A través del ayuno y la oración encontrarás una libertad mayor y más rápida.

2. *«Para soltar las cargas»*. El ayuno es la manera de liberarte de cualquier carga que tengas. Cada día puede haber cargas sobre ti que tus hombros no pueden soportar. El ayuno con oración es la mejor manera de ver que se eleven.

3. *«Para dejar libres a los quebrantados»*. La liberación ocurre cuando ayunas. Aunque no suceda *durante* el ayuno en sí, el ayuno y la oración preparan el camino para la liberación.

4. *«Para romper todo yugo»*. El rompimiento del yugo significa libertad de cualquier clase de restricción, ya sea que la haya puesto el enemigo, otras personas o tu propio entendimiento limitado de lo que es la verdadera libertad en Cristo. Hay un signo de interrogación al final de esta oración porque todo este versículo es una pregunta. Dios está preguntando: «¿No es más bien el ayuno que yo escogí?».

Dios está diciendo que Él no quiere que ayunemos solo para hacer que se escuchen nuestras voces, sino más bien que nos humillemos ante Él de modo que pueda llevar a cabo esas cosas en nuestras vidas (Isaías 58:4-5). «Por eso pues, ahora, dice Jehová, convertíos a mí con todo vuestro corazón, con ayuno y lloro y lamento» (Joel 2:12).

El ayuno ha sido uno de los recursos más poderosos en mi vida. Nunca he ayunado y orado sin tener alguna clase de logro, ya sea en mi propia vida o en las vidas de las personas por las que he orado. Jesús dijo que había ciertas ataduras espirituales que solo podrían eliminarse con ayuno (Marcos 9:29). Creo que ese fue un aspecto de suma importancia en mi liberación. Las cuatro razones para ayunar que enumeré arriba de Isaías

58:6 describen con exactitud lo que me pasó y de una manera innegable. Desde entonces, el ayuno periódico ha influido en cada esfera de mi ser físico, mental, emocional y espiritual. Hará lo mismo contigo.

Cuando quieras destruir cualquier plan de maldad que está tratando de erigir una fortaleza en tu vida, o quieras quitarte una carga de los hombros, o necesites libertad y un cambio radical, no solo en tu vida sino en la vida de tus seres queridos, el ayuno y la oración harán todo eso.

El ayuno es un paso de obediencia

El ayuno debe hacerse junto con la oración, de otra manera solo estás en una dieta muy estricta. Te niegas la comida por un período específico para que puedas dedicarte a orar y enfocarte en Dios. Así como la Biblia no es un simple libro histórico, el ayuno no es una simple práctica antigua que recordamos y agradecemos a Dios por no tener que hacerla ahora. Es tan relevante y crucial para una vida de verdadero éxito como lo ha sido siempre. Jesús dijo: «*Cuando* ayunéis» (Mateo 6:16, énfasis añadido). *No* dijo: «*Si algún día tienes ganas* de ayunar».

Dios sabe que nuestro mayor placer es comer. Ninguno de nosotros *quiere* jamás dejar de comer y negarse a sí mismo, pero cuando lo hacemos como un paso de obediencia a Dios para su gloria, le decimos a nuestro cuerpo quién tiene el control. El ayuno romperá el control del enemigo en tu vida de modo que puedas liberarte de cualquier cosa que te ate. Por ejemplo, los malos hábitos de salud, los procesos de pensamientos obsesivos o las emociones negativas pueden romperse mediante el ayuno y la oración. Esa ha sido mi experiencia personal.

El ayuno te ayuda a aumentar tu fortaleza espiritual, limpia tu corazón y te da claridad. Puedes recibir revelación de Dios que te dará el conocimiento que necesitas o las soluciones a problemas específicos. Mientras te acercas más a Dios, puedes escucharlo hablar a tu corazón en cuanto a la dirección de tu vida.

O quizá puedas ver un camino a través de una situación difícil. «Ayunamos, pues, y pedimos a nuestro Dios acerca de esto, y Él escuchó nuestra súplica» (Esdras 8:23, LBLA).

Cuando necesitas resistirte al pecado y a la tentación de cualquier clase, el ayuno y la oración suspenderán el control que esa seducción tiene en ti. Cuando tu vida parezca fuera de control, el ayuno y la oración la traerán de vuelta al control de Dios y quitarán cualquier confusión. Cuando oras y ayunas, o cuando termina el ayuno, percibirás el poder de Dios que fluye con más poder a través de ti. El ayuno, con la oración, es un regalo y un privilegio de Dios, e influirá de manera positiva en cada aspecto de tu vida. Quizá no siempre *quieras* participar en el ayuno, pero cada vez que lo hagas, te alegrarás mucho de haberlo hecho debido al avance sorprendente que experimentarás.

Qué se hace en un ayuno corto

Para el objetivo de este libro, nada más me refiero a un ayuno corto de solo veinte a treinta y seis horas de forma periódica. Si el Señor te llama a un ayuno más largo, lee uno de los muchos libros buenos sobre el ayuno a fin de ver cómo abordarlo y tener éxito en él.

Primero, ora por tu ayuno. Pregúntale a Dios cuánto debería durar. Pídele al Espíritu Santo que te guíe al orar y al ayunar, de modo que aproveches este tiempo en orar por las cosas que de otra manera no habrías orado. «Pero si sois guiados por el Espíritu, no estáis bajo la ley» (Gálatas 5:18).

Si apenas estás empezando a ayunar, comienza con ayunar una sola comida. Usa ese tiempo para orar. No te impacientes por los resultados. No digas: «He estado ayunando por cuarenta y cinco minutos y todavía no siento que cualquier fortaleza satánica del mal se haya destruido en mi vida». Por favor, dale tiempo a Dios. Es posible que no observes nada durante el ayuno y que solo comiences a ver algunos de los resultados en los días o semanas siguientes.

Mientras ayunas, bebe suficiente agua pura y potable. Si te sientes débil, prepara un caldo de vegetales. Pon una cebolla, una papa, dos zanahorias y dos tallos de apio (todo limpio, pelado y cortado en trozos) en una olla de uno o dos litros de agua purificada. Deja que hierva por una hora antes de beber el caldo. Necesitas cierta cantidad de salud y fortaleza para ayunar, y el caldo te ayudará. Con el tiempo, ya no lo necesitarás.

Dios sabe lo que puedes hacer, así que haz lo que puedas. Si solo puedes ayunar una comida a la semana, mientras bebes caldo vegetal, hazlo. El objetivo es negarte a lo que desea tu *carne* para hacer lo que quiere *Dios*. «Gustad, y ved que es bueno Jehová; dichoso el hombre que confía en él» (Salmo 34:8).

Cada vez que ayunes, lee Isaías 58:6-14. Lo incluí al final de este capítulo. Allí Dios describe la clase de ayuno que quiere y lo que desea lograr mediante él. En primer lugar, hará que recuerdes el porqué ayunas y lo que deberías hacer mientras ayunas. Estos versículos te dicen cuál será tu recompensa. Por ejemplo: «Tu salvación se dejará ver pronto». «Invocarás, y te oirá Jehová». «Jehová te pastoreará siempre», «saciará tu alma», «dará vigor a tus huesos» y mucho más (Isaías 58:8-11). Cada vez que leo esta sección de las Escrituras, me vuelvo a inspirar una y otra vez en profundidades mayores. Sé que tú también te inspirarás.

Si todo lo que se necesita lograr en nuestras vidas pudiera hacerse sin ayunar, ¿por qué ayunó Jesús? Con seguridad, si alguien no hubiera necesitado ayunar, ese habría sido Él. Sin embargo, Jesús sabía que el ayuno era la única manera de ver que sucedieran ciertas cosas. Cuando Jesús volvió de su ayuno de cuarenta días, comenzó su ministerio de sanidad y milagros. Si Jesús tuvo que ayunar, ¿cuánto más lo tenemos que hacer nosotros para movernos hacia un ministerio poderoso?

El ayuno te prepara para que Dios obre de nuevo en tu vida. Mucha gente excelente de la Biblia ayunó justo antes de un gran logro. Será lo mismo contigo. ¿Necesitas ya un logro?

❧ EL PODER DE LA ORACIÓN ❧

Señor:

Te pido que me ayudes a que ayune y ore para tu gloria. Permíteme echar a un lado mi actividad favorita (comer la comida que tú me has provisto) para exaltarte como todo en mi vida. Muéstrame con cuánta frecuencia y por cuánto tiempo debo ayunar, y permíteme lograrlo. Ayúdame a estar lo bastante bien y fuerte para ayunar de la manera en que tú quieres que lo haga.

Gracias porque cuando ayune, tú romperás las fortalezas del enemigo en mi vida y soltarás todas las ataduras de maldad. Te pido que destruyas cualquier pensamiento indebido u obsesión en mí. Libérame de las cargas pesadas que he estado llevando. Rompe cualquier yugo de esclavitud en mi vida. Muéstrame por quién y por qué orar cuando ayuno. Revélame las maneras de orar que todavía no comprendo.

Ayúdame a hacer lo que pueda para ayudar a otros y para alimentar al hambriento. Muéstrame cuándo deba extenderme hacia los que están afligidos o sufriendo. Ayúdame a honrar el día de reposo, tu día santo, al hacer lo que te honra, al no andar por mi propio camino y al no hacer lo que yo quiero. Ayúdame a querer lo que *tú* quieres.

Gracias porque cuando ayune, tú cuidarás de los detalles de mi vida y me darás dirección. Gracias porque en mí «nacerá tu luz como el alba» y «tu salvación se dejará ver pronto» (Isaías 58:8). Gracias porque cuando llamo, tú respondes (Isaías 58:9).

Todo esto te lo pido en el nombre de Jesús.

❧ El poder de la Palabra ❧

¿No es más bien el ayuno que yo escogí, desatar
las ligaduras de impiedad, soltar las cargas de opresión,
y dejar ir libres a los quebrantados, y que rompáis todo yugo?
¿No es que partas tu pan con el hambriento, y a los pobres
errantes albergues en casa; que cuando veas al desnudo,
lo cubras y no te escondas de tu hermano?

Entonces nacerá tu luz como el alba, y tu salvación
se dejará ver pronto; e irá tu justicia delante de ti,
y la gloria de Jehová será tu retaguardia. Entonces
invocarás, y te oirá Jehová; clamarás y dirá él:
Heme aquí.

Si quitares de en medio de ti el yugo, el dedo
amenazador, y el hablar vanidad; y si dieras tu pan al
hambriento, y saciares al alma afligida, en las tinieblas
nacerá tu luz, y tu oscuridad será como el mediodía.
Jehová te pastoreará siempre, y en las sequías saciará
tu alma, y dará vigor a tus huesos; y serás
como huerto de riego, y como manantial de aguas,
cuyas aguas nunca faltan.

Y los tuyos edificarán las ruinas antiguas;
los cimientos de generación y generación levantarás,
y serás llamado reparador de portillos, restaurador
de calzadas para habitar [...] porque la boca
de Jehová lo ha hablado.

Isaías 58:6-14

~ 28 ~

MANTENTE FIRME EN LOS TIEMPOS DIFÍCILES

⟐⟐⟐

Las circunstancias más difíciles que enfrentamos tienen que ver con la enfermedad, las heridas, los problemas financieros, el conflicto matrimonial, las dificultades en las relaciones, los retos relacionados con el trabajo y, lo peor, con la muerte de alguien que amas o con enfrentar tu propia muerte inminente. Necesitamos saber que Dios está con nosotros durante estos tiempos terriblemente dolorosos. Tenemos que estar seguros de que podemos permanecer firmes, sin importar lo que esté pasando.

En mi libro *Suficiente luz para el próximo paso*, hablo de cómo debemos aprender a caminar con Dios en confianza total, incluso en las épocas más oscuras de nuestra vida. Dios requiere que el primer paso hacia Él sea nuestro. Tenemos que extendernos hacia Él y decirle: «Señor, dependo de ti. Guíame por el camino que debo ir». Cuando lo hacemos, Él nos pondrá en el buen camino, nos dirigirá hacia la dirección exacta y allanará los lugares sinuosos. Nos pondrá en movimiento y evitará que vayamos en círculos, a fin de que no volvamos una y otra vez a los mismos problemas.

Entonces, mientras damos un paso tras otro, tomados de la mano de Dios, Él nos lleva adonde tenemos que ir.

El problema es que muchas veces nos olvidamos de tomar la mano de Dios y de depender de Él para cada paso que damos. Pensamos que si Dios nos hiciera pasar por encima de este montículo, podemos seguir adelante desde allí. Sin embargo, una de las razones por las que Dios permite que pasemos por situaciones difíciles es para que *aprendamos* a depender de Él. Cuando lo hacemos, estamos más capacitados para permanecer firmes en los tiempos difíciles.

Tendemos a pensar que si dependemos de Dios, es una señal de debilidad de nuestra parte. ¡Y es cierto! Aun así, esa es la *buena noticia*. Cuando reconocemos que no tenemos lo que se requiere para llegar adonde tenemos que ir, pero *Dios* sí lo tiene, estamos comenzando a comprender la verdadera libertad. Cuando caminamos con Dios, Él nos hace superar cualquier cosa.

Lo más sorprendente es que cuando caminamos cerca de Dios, hasta nuestros tiempos más difíciles tienen un buen aspecto. Algunas circunstancias pueden ser tan horrendas que el único bien que vemos son los momentos que nos aferramos a Dios y tenemos un profundo sentido de su presencia. Aun así, esos son momentos preciosos. La clave es buscar a Dios en la circunstancia. No importa lo oscuras que se pongan las cosas, Dios nos dará la luz que necesitamos para el próximo paso. Él suplirá lo que debemos tener para el momento en que estamos.

CÓMO PERMANECEMOS FIRMES EN TIEMPOS DIFÍCILES

Dios nos enseña a caminar con Él, dependiendo de Él en cada paso. También nos enseña a permanecer firmes cuando surgen desafíos que amenazan con hacernos estallar. He aquí algunas maneras confiables para permanecer firmes en tiempos difíciles.

Permanece en lo que sabes que es cierto del Señor. «Por tanto, es necesario que con más diligencia atendamos a las cosas que hemos oído, no sea que nos deslicemos» (Hebreos 2:1).

Permanece en la Palabra de Dios. «Príncipes me han perseguido sin causa, pero mi corazón tuvo temor de tus palabras» (Salmo 119:161).

Permanece en obediencia a Dios. «El justo saldrá de la tribulación» (Proverbios 12:13).

Permanece sabiendo que podrías caer. «Así que, el que piensa estar firme, mire que no caiga» (1 Corintios 10:12).

Permanece en la voluntad de Dios. «Os saluda Epafras, el cual es uno de vosotros [...] siempre rogando encarecidamente por vosotros en sus oraciones, para que estéis firmes, perfectos y completos en todo lo que Dios quiere» (Colosenses 4:12).

Permanece en la generosidad. «Pero el generoso pensará generosidades, y por generosidades será exaltado» (Isaías 32:8).

Permanece fuera del mal. «Como pasa el torbellino, así el malo no permanece; mas el justo permanece para siempre» (Proverbios 10:25).

Permanece en las tradiciones que sabes que son del Señor. «Así que, hermanos, estad firmes y retened la doctrina que habéis aprendido, sea por palabra o por carta nuestra» (2 Tesalonicenses 2:15).

Permanece con audacia en tu fe. «Velad, estad firmes en la fe; portaos varonilmente, y esforzaos. Todas vuestras cosas sean hechas con amor» (1 Corintios 16:13-14).

Permanece asegurándote que tu casa no esté dividida. «Y si una casa está dividida contra sí misma, tal casa no puede permanecer» (Marcos 3:25).

Permanece en el consejo de Dios y en lo que Él ha hablado a tu corazón. «Mi consejo permanecerá, y haré todo lo que quiero» (Isaías 46:10).

Cómo se conquistan las tormentas de la vida

Cuando te encuentres en medio de una tormenta, pregúntale a Dios: «¿Estoy en esta tormenta porque he hecho algo malo?». «¿Es este un ataque del enemigo?» O: «¿Es porque estoy en tu voluntad y estás usando esto para tus propósitos?». La respuesta que disciernas en tu corazón te ayudará a obtener un panorama más claro de lo que está pasando en realidad.

Si una tormenta está atacando tu vida, ora y lee más la Biblia. Permanece firme en tu fe. Busca a tu alrededor a otros que también estén sufriendo y ora por ellos. No te desanimes cuando parezca que no hay esperanza. Dios puede abrir un camino en el desierto.

Dios abrió el Mar Rojo e hizo un camino para que los israelitas lo cruzaran por tierra seca. Los guiaba en el día con una nube, hasta en el desierto hubo una nube para sombra, y en la noche había fuego para que tuvieran luz. Cuando no tuvieron agua, Él «sacó de la peña corrientes, e hizo descender aguas como ríos» (Salmo 78:12-16). Proveyó lo que necesitaban cuando parecía que no había manera de obtenerlo. Les dio abundancia en el desierto donde no había nada.

Cuando Dios sacó agua de las rocas para que la gente bebiera, estoy segura que era mejor, más pura y más refrescante que cualquier agua que hubieran bebido. También hizo que el maná apareciera de forma milagrosa para que tuvieran comida. Era tan perfecto que mantuvo a ese pueblo por cuarenta años con buena salud.

Dios también puede proveer para ti. En las áreas secas y abrasadoras de tu vida, incluso en las partes que se están marchitando y consumiendo, y donde parece que no hay esperanza, Dios puede abrir las áreas duras y sacar corrientes de refrigerio puro en la tierra baldía. Verás cómo el desierto puede ser un lugar de bendición para ti, si no te rebelas en contra de Dios cuando Él permite que pases por ese lugar.

Es lamentable, pero los israelitas no hicieron eso. Se volvieron en contra de Dios y se quejaron en lugar de agradecerle por su provisión. «Pero aún volvieron a pecar contra él, rebelándose contra el Altísimo en el desierto» (Salmo 78:17). No fueron agradecidos. No vieron las bendiciones que tenían delante. Hablaron en contra de Dios al cuestionar si alguna vez les iba a proveer lo suficiente (Salmo 78:18-20). Con insolencia, dijeron algo parecido a esto: «Sí, Dios sacó agua de una roca, ¿pero puede alimentarnos con lo que queremos nosotros?». Insultamos a Dios cuando dudamos que Él pueda suplir nuestras necesidades. En lugar de cuestionar a Dios en el desierto, tenemos que darle gracias por su provisión allí. Culparlo por cosas que sucedieron es un ejercicio de frivolidad. Él es el único que puede ayudarnos a atravesarlo o sacarnos de él. Y Dios es el único que puede proveer lo que nos hace falta mientras estemos allí.

Todos tenemos tiempos de duda, al igual que los israelitas. Tal vez no dudemos que Dios *pueda hacerlo*, pero dudamos que *lo hará*. O dudamos que Él *quiera hacerlo*. O dudamos que a Él *le importe*. O dudamos que seamos dignos de su ayuda. No obstante, la duda significa que también dudamos de quién *es Él* y lo que dice su Palabra.

El propósito del sufrimiento

En la vida hay sufrimiento. Todos sufrimos a veces. Jesús pasó por más sufrimiento de lo que cualquiera de nosotros lo sabrá alguna vez. Lo golpearon, lo torturaron, lo clavaron en una cruz, lo separaron de Dios, descendió al infierno y llevó sobre sí todo el pecado del mundo. Además, Él tenía las cicatrices para demostrarlo. En medio de todo eso, obedeció a Dios a la perfección.

Nunca compararía nuestro sufrimiento con el de Jesús, pero tener las cicatrices que demuestran que has sufrido puede darte credibilidad con la gente. Debido a que lo has superado, tienes una voz más penetrante en la vida de alguien que está pasando por la misma circunstancia. Tu sufrimiento puede ser justo lo que salve a otra persona del borde de la destrucción.

Lo que me ayudó a tener una mayor paz en cuanto a mi sufrimiento es que he sido de ayuda a otros. Si puedo ayudar para que alguien supere su dolor y sufrimiento, es redención para los dos. No me refiero a que Dios nos dé sufrimiento de manera deliberada. Estoy diciendo que Él usa las cosas difíciles que nos pasan para su gloria. Él también hará todo eso por ti en tu tiempo de sufrimiento. En el Señor, hay un gran propósito en los tiempos difíciles, aun cuando no puedas verlo.

Cuando pases por tiempos difíciles, quita tus ojos de tus circunstancias y ponlos en el Señor y su Palabra. Cree su verdad *por encima* de todo lo que estés experimentando. Eso no significa negar tus circunstancias; significa creer que la Palabra de Dios triunfa sobre todo. No te enfoques en lo que ves; enfócate en las promesas de Dios. Recuerda que Jesús dijo: «Lo que es imposible para los hombres, es posible para Dios» (Lucas 18:27).

Somos frágiles y débiles, pero esa es la cuestión. En nuestro estado de debilidad somos el instrumento que Dios usa para sus propósitos. De esa manera, cuando permanecemos firmes en circunstancias difíciles, sabemos que es por su poder y no por obra nuestra. No podemos atribuirnos el crédito, sino que debemos darle toda la gloria a Dios.

⚜ EL PODER DE LA ORACIÓN ⚜

Señor:

Te pido que me ayudes a permanecer firme en todo lo que sé de ti. Enséñame a permanecer en tu Palabra, sin importar lo que esté pasando en mi vida. Permíteme permanecer lejos del pecado y del mal y ser fuerte en obediencia a tus caminos. Reconozco que soy débil, pero me regocijo porque tú eres fuerte en mí, sobre todo durante tiempos de prueba y dificultad. Ayúdame a aprender lo que necesito saber de cada desafío que enfrento. Guíame al camino que tienes para mí. No quiero dar ni un solo paso sin ti.

Ayúdame en la circunstancia que estoy enfrentando ahora. Sácame de cualquier desesperanza, temor, duda o frustración. Permíteme estar siempre firme en la fe y en tu voluntad. Gracias por ayudarme a permanecer firme en medio de la oposición del enemigo. Te agradezco que me hayas armado con fortaleza para la batalla (Salmo 18:39).

Muchas veces «hubiera yo desmayado, si no creyese que veré la bondad de Jehová en la tierra de los vivientes» (Salmo 27:13). Permíteme ver tu verdad en cada circunstancia (Salmo 119:18). Ayúdame a llegar a ser fuerte en ti de modo que pueda permanecer sin vacilar, sin importar lo que pase. Enséñame a descansar en ti sabiendo que me darás lo que necesito para el momento en el que me encuentro. Estoy determinado a tener «por sumo gozo» cuando pase por pruebas, por la obra perfeccionadora que tú harás por mí (Santiago 1:2-4). «Si anduviere yo en medio de la angustia, tú me vivificarás» (Salmo 138:7).

Todo esto te lo pido en el nombre de Jesús.

❧ EL PODER DE LA PALABRA ❧

Amados, no os sorprendáis del fuego de prueba que os ha sobrevenido, como si alguna

cosa extraña os aconteciese, sino gozaos por cuanto
sois participantes de los padecimientos
de Cristo, para que también en la revelación
de su gloria os gocéis con gran alegría.

1 PEDRO 4:12-13

Hermanos míos, tened por sumo gozo cuando os halléis
en diversas pruebas, sabiendo que la prueba de vuestra
fe produce paciencia. Mas tenga la paciencia su obra completa,
para que seáis perfectos y cabales, sin que os falte cosa alguna.

SANTIAGO 1:2-4

Que estamos atribulados en todo, mas no angustiados;
en apuros, mas no desesperados; perseguidos, mas no
desamparados; derribados, pero no destruidos; llevando en el
cuerpo siempre por todas partes la muerte de Jesús, para que
también la vida de Jesús se manifieste en nuestros cuerpos.

2 CORINTIOS 4:8-10

Porque esta leve tribulación momentánea produce en
nosotros un cada vez más excelente y eterno peso de gloria;
no mirando nosotros las cosas que se ven, sino las que
no se ven; pues las cosas que se ven son temporales,
pero las que no se ven son eternas.

2 CORINTIOS 4:17-18

Y me ha dicho: Bástate mi gracia; porque mi poder se
perfecciona en la debilidad. Por tanto, de buena gana me
gloriaré más bien en mis debilidades, para que repose
sobre mí el poder de Cristo. Por lo cual, por amor
a Cristo me gozo en las debilidades, en afrentas, en
necesidades, en persecuciones, en angustias;
porque cuando soy débil, entonces soy fuerte.

2 CORINTIOS 12:9-10

∽ 29 ∾

MUÉVETE EN EL PODER DE DIOS

∽∿∿∾

La única manera en que podemos vivir en libertad, plenitud y verdadero éxito es con el poder de Dios. De cualquier otra forma es imposible.

La Biblia dice que «la palabra de la cruz [...] es poder de Dios» (1 Corintios 1:18). El poder de Dios está ejemplificado en Jesús y lo que Él hizo en la cruz. Además, se manifiesta en nuestras vidas por el Espíritu Santo *en* nosotros.

Pablo dijo que no había ido a la gente para impresionarlas con sus habilidades de palabra, ni para atraer la atención a sí mismo para que *lo* admiraran. Quería darles una demostración del Espíritu Santo. «Y ni mi palabra ni mi predicación fue con palabras persuasivas de humana sabiduría, *sino con demostración del Espíritu y de poder, para que vuestra fe no esté fundada en la sabiduría de los hombres, sino en el poder de Dios*» (1 Corintios 2:4-5, énfasis añadido).

Eso es también lo que queremos nosotros. Queremos depender de Dios para que haga en nuestras vidas lo que tiene que hacerse, para que nuestra fe no sea con nuestras propias fuerzas, sino con su poder. No adoramos el poder de Dios; adoramos a *Dios*, y tenemos fe *en Él* y en su poder a favor de nosotros.

Pablo fue «arrebatado al paraíso» y recibió una visión transformadora de lo más alto de los cielos, que es la presencia de Dios (2 Corintios 12:4). A fin de impedir cualquier orgullo en Pablo, y evitar la adulación de otros hacia Pablo por su grandiosa experiencia, Dios permitió que Satanás le diera «un aguijón en la carne». Pablo le pidió «tres veces» al Señor que se lo quitara. Sin embargo, Dios le dijo: «*Bástate mi gracia; porque mi poder se perfecciona en la debilidad*». En vista de eso, Pablo dijo: «Por tanto, de buena gana me gloriaré más bien en mis debilidades, para que repose sobre mí el poder de Cristo» (2 Corintios 12:7-9, énfasis añadido). El poder de Cristo en Pablo era la presencia del Espíritu Santo, que le permitió hacer todo lo que Dios lo llamó a hacer. Pablo estaba agradecido porque su debilidad permitió que el poder de Dios se manifestara en él.

¿Qué significa esto para ti y para mí? Significa que a veces Dios permite que nos pasen cosas para que nos aseguremos que no es nuestro esfuerzo humano lo que hará que ocurra lo que tiene que ocurrir, sino que solo se realizará *por el poder de Dios*. La gracia de Dios nos hará superarlo, y *la fortaleza de Dios se manifestará perfecta en nuestra debilidad*. Pablo dijo que prefería ser débil para que el poder de Dios descansara en él. Estoy de acuerdo. Podemos hacer mucho más con el poder de Dios de lo que alguna vez podamos hacer por nosotros mismos.

Es importante entender esto, sobre todo en épocas en que nuestra debilidad personal está en plena exposición de tal manera que no podamos negarla. Desde nuestra perspectiva, es doloroso. No obstante, desde la perspectiva *de Dios*, es buena. Cuando somos débiles sin lugar a dudas, el poder de Dios puede verse de modo inconfundible.

Cómo te mueves en el poder de Dios

Dios existió antes de la creación. Él creó los cielos y la tierra sin que nada preexistiera. «Él es el que hizo la tierra con su poder, el que afirmó el mundo con su sabiduría, y extendió los cielos con su inteligencia» (Jeremías 51:15). Él no necesita nada para crear algo.

Cuando «la tierra era un caos total» y «las tinieblas cubrían el abismo», «el Espíritu de Dios iba y venía sobre la superficie de las aguas» (Génesis 1:2, NVI). El ir y venir implica movimiento. Este movimiento del Espíritu Santo tiene importancia para ti. Aunque el Espíritu Santo reside en ti, siempre se está moviendo. Él no se mueve dentro y fuera de tu vida; siempre está *obrando* en tu vida. En la Biblia se le describe como agua (Juan 7:37-39), como paloma (Mateo 3:16), como fuego (Hechos 2:3-4) y como aceite (1 Juan 2:20). Nada de esto es estacionario. Su misma naturaleza es la de estar en movimiento. Así como estas descripciones suyas involucran movimiento, el Espíritu Santo siempre se está moviendo en tu vida. Está activo, ya sea que ahora tú lo estés o no.

Debido a que el Espíritu Santo no es estacionario, no permitirá que te quedes estacionario por mucho tiempo. No permitirá que dejes de crecer hasta que tu espíritu esté alineado con el de Dios por completo. Dios quiere que el Espíritu Santo te *inspire*, y te *capacite*. Eso significa que siempre estarás activo en tu espíritu.

No te olvides de tu fuente de poder

Nunca podemos olvidar de dónde viene nuestro poder, en especial cuando nos sentimos impotentes. La Biblia dice de los israelitas: «¡Cuántas veces se rebelaron contra él en el desierto, lo enojaron en el yermo! Y volvían, y tentaban a Dios, y provocaban al Santo de Israel. *No se acordaron de su mano*, del día que los redimió de la angustia» (Salmo 78:40-42, énfasis añadido).

No podemos permitir que eso nos pase a nosotros. Los israelitas se olvidaron de Dios y vivieron a su manera y, como resultado, limitaron lo que Dios podía hacer en sus vidas. No se acordaron de su poder para redimirlos del enemigo. No se movieron en el poder de Dios, por lo que terminaron vagando en el desierto por cuarenta años.

Muchas veces, nosotros hacemos lo mismo. Cuando el enemigo nos está atacando, o nos ocurre un desastre en nuestra salud, finanzas, relaciones, emociones, mente, familia, etc., nos atemorizamos. Nos estremecemos. Tratamos de arreglar la situación por nuestra cuenta. Intentamos tomar el control de ella, en lugar de invitar al Espíritu Santo que nos levante por encima de los obstáculos, o que nos guíe a través del terreno escarpado que tenemos por delante. Lo que hay que hacer, en lugar de eso, es confiar en que Dios sabe a dónde tenemos que ir y que sabe cómo llevarnos allí. Tenemos que soltarnos de todo a lo que estamos aferrados y someternos al poder de Dios que obra por nosotros. *No tenemos que olvidarnos nunca del poder de Dios.* Dios faculta al débil, de modo que pueda sobresalir con su poder y de acuerdo con su voluntad. «Pero los que esperan a Jehová tendrán nuevas fuerzas; levantarán alas como las águilas; correrán, y no se cansarán; caminarán, y no se fatigarán» (Isaías 40:31). Eso describe lo que nos pasa cuando reconocemos nuestra debilidad y dependemos del poder de Dios.

La manifestación del poder de Dios

Junto a la creación de Dios, ¿hay alguna otra manifestación mayor de su poder que la resurrección de Jesús? Lo crucificaron y enterraron en público y, con todo, es evidente que desapareció de una tumba sellada y después se les apareció a muchos de sus seguidores como el Señor resucitado. ¿Qué clase de poder puede lograr eso? Solo el poder de Dios. Ese mismo poder de resurrección está en *ti*.

A Jesús lo crucificaron en debilidad, y aún así vive por el poder de Dios. Lo mismo es cierto para ti debido a que eres débil y que vives, tanto aquí como en la eternidad, por el poder de Dios (2 Corintios 13:4). «Y Dios, que levantó al Señor, también a nosotros nos levantará con su poder» (1 Corintios 6:14). Jesús no resucitó de los muertos para que pudieras tener una vida feliz. Él resucitó para salvarte de la muerte y del infierno a fin de que pudieras tener una vida de *poder*.

Dios no quiere que vivas una vida sin poder. Él quiere facultarte para que vivas la vida que Él tiene para ti.

Debido a que Dios es todopoderoso, eso significa que «todas las cosas son posibles para Dios» (Marcos 10:27). Dios «da vida a los muertos, y llama las cosas que no son, como si fuesen» (Romanos 4:17). Eso significa que Dios es capaz de crear algo de la nada, y de darle vida a algo que estaba muerto. Nosotros queremos eso con urgencia en nuestras vidas. Dios tiene todo el poder que necesitamos y no quiere que dudemos eso nunca. Él no quiere que seamos «traidores, impetuosos, infatuados, amadores de los deleites más que de Dios, *que tendrán apariencia de piedad, pero negarán la eficacia de ella*» (2 Timoteo 3:4-5, énfasis añadido). Queremos ser amadores de Dios, sumisos y humildes, que viven a la manera de Dios mediante el poder de su Espíritu.

A pesar de que quizá no veas aún cómo se solucionan tus problemas, Dios sí lo ve. Aunque puedes estar abrumado por tus circunstancias, Dios nunca está abrumado. Tienes que confiar en Él y en su poder para ti. Él quiere ver su poder liberado en tu vida. Trabaja *con* Él en esto. Pídele todos los días que te capacite para vivir la vida que tiene para ti.

❧ EL PODER DE LA ORACIÓN ❧

Señor:
Te doy gracias por tu poder en mi favor. Te has mostrado fuerte por mí innumerables veces porque mi corazón te es fiel (2 Crónicas 16:9). Debido a tu poder grande y potente me salvaste y redimiste (Nehemías

1:10). Me has librado, protegido, has provisto para mí, y sé que lo seguirás haciendo.

Todo el poder te pertenece, Señor (Salmo 62:11). Tú sostienes todas las cosas con la palabra de tu poder (Hebreos 1:3). Gracias porque eres todopoderoso, eso significa que todas las cosas son posibles para ti. Por lo tanto, me niego a estar desanimado o temeroso en cualquier aspecto de mi vida. No confiaré en la sabiduría del hombre, sino que confiaré en ti y en tu perfecto poder y sabiduría.

Señor, tú le das poder al débil y aumentas su fortaleza. Te doy gracias porque soy el beneficiario de esto. Ayúdame a nunca olvidar tu poder para redimir, salvar, restaurar y renovar. No importa lo que pase, quiero buscarte primero y moverme en el poder de tu Espíritu.

«Engrandécete, oh Jehová, en tu poder; cantaremos y alabaremos tu poderío» (Salmo 21:13). Dios de esperanza, ayúdame a abundar «en esperanza por el poder del Espíritu Santo» (Romanos 15:13). «Porque tuyo es el reino, y el poder, y la gloria, por todos los siglos» (Mateo 6:13).

Todo esto te lo pido en el nombre de Jesús.

❧ El poder de la Palabra ❧

Porque los ojos de Jehová contemplan toda la tierra,
para mostrar su poder a favor de los que tienen
corazón perfecto para con él.

2 Crónicas 16:9

¿No has sabido, no has oído que el Dios eterno
es Jehová, el cual creó los confines de la tierra?
No desfallece, ni se fatiga con cansancio,
y su entendimiento no hay quien lo alcance.
Él da esfuerzo al cansado, y multiplica las
fuerzas al que no tiene ningunas.

Isaías 40:28-29

Tuya es, oh Jehová, la magnificencia y el poder,
la gloria, la victoria y el honor; porque todas
las cosas que están en los cielos y en la tierra
son tuyas. Tuyo, oh Jehová, es el reino,
y tú eres excelso sobre todos.

1 Crónicas 29:11

Cuán incomparable es la grandeza de su poder
a favor de los que creemos. Ese poder es la
fuerza grandiosa y eficaz que Dios ejerció
en Cristo cuando lo resucitó de entre
los muertos y lo sentó a su derecha
en las regiones celestiales.

Efesios 1:19-20, nvi

Temible eres, oh Dios, desde tus santuarios;
el Dios de Israel, él da fuerza y vigor
a su pueblo. Bendito sea Dios.

Salmo 68:35

~ 30 ~

NIÉGATE A DARTE POR VENCIDO

~~~~~~

Los problemas son parte de la vida. Eso se debe a que vivimos en un mundo imperfecto. Sin embargo, la buena noticia es que servimos a un Dios perfecto que nos da abundante esperanza. Te lo digo como lo dijo Pablo: «Y el Dios de esperanza os llene de todo gozo y paz en el creer, *para que abundéis en esperanza por el poder del Espíritu Santo*» (Romanos 15:13, énfasis añadido).

La esperanza tiene lugar mediante el poder del Espíritu Santo.

Dios dice que el futuro que tiene para ti está lleno de esperanza y paz. «Yo sé muy bien los planes que tengo para ustedes —afirma el Señor—, planes de bienestar y no de calamidad, a fin de darles un futuro y una esperanza» (Jeremías 29:11, nvi, énfasis añadido). Dios quiere que *tú* también pienses en tu futuro lleno de esperanza. Eso se debe a que no quiere que te des por vencido con Él, contigo mismo, ni con tu vida.

Muy a menudo, en el tiempo que estamos esperando que Dios responda nuestras oraciones y que se mueva a nuestro favor, nos desanimamos y perdemos la esperanza. A fin de evitar que suceda eso, hay ciertas cosas que podemos hacer.

Podemos permanecer humildes ante Dios. Dile a Dios todo lo que estás sintiendo, todo lo que temes y lo que te preocupa. La Biblia dice que «Dios resiste a los soberbios, y da gracia a los humildes» (Santiago 4:6). Lo que no necesitas es resistencia por parte de Dios. Necesitas su gracia. «Humillaos, pues, bajo la poderosa mano de Dios, para que él os exalte cuando fuere tiempo; echando toda vuestra ansiedad sobre él, porque él tiene cuidado de vosotros» (1 Pedro 5:6-7). La mejor manera de humillarte es alabando y adorando, y en ayuno y oración.

Podemos seguir leyendo la Palabra de Dios y viviendo como quiere Él. Cuando tienes dificultades en tu vida, no te olvides de depender de Dios y de su Palabra. Pídele que te ayude a vivir de acuerdo con sus leyes y sus caminos, y a hacerlo todo según su voluntad. «Hijo mío, no te olvides de mi ley, y tu corazón guarde mis mandamientos» (Proverbios 3:1). Asegúrate de que tu corazón esté alineado con la Palabra de Dios. Siempre puedes encontrar esperanza al leer la Palabra de Dios.

Podemos darle alabanza y adoración a Dios. La alabanza y la adoración estremecen el reino espiritual y nos liberan del desánimo. La alabanza es una de las maneras en que nos animamos en el Señor. Cuando alabamos a Dios, Él derrama en nosotros su amor, paz, gozo y esperanza, lo cual nos da un gran estímulo.

Podemos confiar en que Dios es bueno. Cuando pasan cosas malas, tienes que seguir recordando la bondad de Dios para que nunca lo culpes por lo que sucede. Búscalo y espera en Él, y verás su bondad manifiesta en tus circunstancias. «Bueno es Jehová a los que en él esperan, al alma que le busca» (Lamentaciones 3:25).

Podemos estimular y bendecir a otras personas. Es asombroso cómo siempre *te* sientes mejor cuando haces que *otra gente* se sienta mejor. Ayudar a otros de alguna manera, aunque solo sea para orar por ellos, aleja tu mente de tus preocupaciones. Las cosas cambian en tu propia vida cuando ayudas a los demás.

Podemos fortalecer nuestra fe en las promesas de Dios. La fe te permite vencer cualquier cosa que te lance la vida o el adversario.

«Porque todo lo que es nacido de Dios vence al mundo; y esta es la victoria que ha vencido al mundo, nuestra fe» (1 Juan 5:4). Acuérdate todos los días de creer las promesas de Dios para ti, a fin de que puedas aferrarte a ellas.

CÓMO PERMANECES EN LAS PROMESAS DE DIOS

A fin de evitar la pérdida de la esperanza y darte por vencido, no solo tienes que *conocer* las promesas de Dios y aferrarte a ellas con una fe profunda, sino que también tienes que determinar que esas verdades den sostén al suelo en el que estás parado. Siempre y cuando elijas permanecer en las promesas de Dios y te niegues a rendirte, ganarás. En tiempos difíciles, cuando la lucha parece demasiado grande y estás cansado y tienes ganas de claudicar, pronuncia estas promesas una y otra vez.

A continuación, hay algunas de las muchas promesas de las que estoy hablando, y te *garantizo* que cuando pongas tu fe en ellas, evitarán que te des por vencido.

Una promesa si obedeces a Dios. «Andad en todo el camino que Jehová vuestro Dios os ha mandado, para que viváis y os vaya bien, y tengáis largos días en la tierra que habéis de poseer» (Deuteronomio 5:33).

Una promesa para cuando buscas el consejo de Dios. «Con todo, yo siempre estuve contigo; me tomaste de la mano derecha. Me has guiado según tu consejo, y después me recibirás en gloria» (Salmo 73:23-24).

Una promesa de protección. «Jehová te guardará de todo mal; él guardará tu alma. Jehová guardará tu salida y tu entrada desde ahora y para siempre» (Salmo 121:7-8).

Una promesa de que Dios escuchará tu oración. «Entonces me invocaréis, y vendréis y oraréis a mí, y yo os oiré» (Jeremías 29:12).

Una promesa cuando tu corazón esté quebrantado. «Cercano está Jehová a los quebrantados de corazón; y salva a los contritos de espíritu» (Salmo 34:18).

Una promesa para liberarte en tiempo de necesidad. «Porque él librará al menesteroso que clamare, y al afligido que no tuviere quien le socorra» (Salmo 72:12).

Una promesa para cuando necesites sabiduría. «Porque Jehová da la sabiduría, y de su boca viene el conocimiento y la inteligencia. Él provee de sana sabiduría a los rectos; es escudo a los que caminan rectamente» (Proverbios 2:6-7).

Una promesa de grandes cosas por delante. «Antes bien, como está escrito: Cosas que ojo no vio, ni oído oyó, ni han subido en corazón de hombre, son las que Dios ha preparado para los que le aman» (1 Corintios 2:9).

Una promesa en tiempos de problemas. «Si anduviere yo en medio de la angustia, tú me vivificarás; contra la ira de mis enemigos extenderás tu mano, y me salvará tu diestra» (Salmo 138:7).

Una promesa para cuando te sientas débil. «Él da esfuerzo al cansado, y multiplica las fuerzas al que no tiene ningunas» (Isaías 40:29).

Una promesa para cuando necesites valor. «Esforzaos todos vosotros los que esperáis en Jehová, y tome aliento vuestro corazón» (Salmo 31:24).

Una promesa para cuando te sientas amenazado. «Ninguna arma forjada contra ti prosperará, y condenarás toda lengua que se levante contra ti en juicio. Esta es la herencia de los siervos de Jehová, y su salvación de mí vendrá, dijo Jehová» (Isaías 54:17).

Una promesa para cuando necesites ayuda. «Dios es nuestro amparo y fortaleza, nuestro pronto auxilio en las tribulaciones. Por tanto, no temeremos, aunque la tierra sea removida, y se traspasen los montes al corazón del mar» (Salmo 46:1-2).

Una promesa para cuando necesites fe para creer que Dios responderá tus oraciones. «Y todo lo que pidiereis en oración, creyendo, lo recibiréis» (Mateo 21:22).

Una promesa de que Él te esperará. «Por tanto, Jehová esperará para tener piedad de vosotros, y por tanto, será exaltado teniendo de vosotros misericordia; porque Jehová es Dios justo; bienaventurados todos los que confían en él» (Isaías 30:18).

Dios ha planeado la restauración para cada parte de tu vida. No solo recibiste una nueva vida cuando aceptaste al Señor, sino que también recibiste el poder para crecer en esa vida todos los días desde entonces. Debido a que el Espíritu Santo está en ti, Dios continuará la obra que comenzó en ti hasta que vayas a vivir con Él. «Estando persuadido de esto, que el que comenzó en vosotros la buena obra, la perfeccionará hasta el día de Jesucristo» (Filipenses 1:6). Este proceso de restauración es algo que no puedes evitar que ocurra, si es que tu corazón está con Dios todos los días. No importa dónde te encuentres ahora, Él seguirá restaurándote hacia tu condición original deseada.

Dios *nunca* se dará por vencido contigo. Así que no te des por vencido con Él. Si sigues caminando cerca de Dios, vivirás una vida de libertad, plenitud y verdadero éxito... una vida que marcha bien.

❧ EL PODER DE LA ORACIÓN ❧

Señor:

Mi esperanza está en ti, y sé que nunca me fallarás. Gracias porque tu restauración es continua en mi vida. Estoy agradecido por ser tu hijo y porque me has dado un propósito. Gracias por el gran futuro que tienes para mí porque tú me amas (1 Corintios 2:9). Gracias porque nunca estoy solo (Mateo 28:20). Gracias porque estoy completo en ti (Colosenses 2:10).

Señor, ayúdame a no pensar en darme por vencido cuando las cosas se pongan difíciles. No dejes que pierda la paciencia ni el valor. Ayúdame a recordar que incluso en tiempos difíciles tú me ayudarás a perseverar. No dejes que me desanime en tiempos de espera, sé que tu tiempo es perfecto y la manera en que haces las cosas es la debida. Ayúdame a aferrarme a tus promesas, de manera que estén talladas en mi corazón y estén vivas dentro de mí. Permite que no me acuerde «de las cosas pasadas», ni traiga a la memoria «las cosas antiguas». Yo sé que estás haciendo algo nuevo en mí. Te pido que pronto salga a la luz. Te pido que abras «camino en el desierto y ríos en la soledad» para mí (Isaías 43:18-19).

Señor, espero lo que todavía no puedo ver, porque sé que «la esperanza que se ve, no es esperanza» (Romanos 8:24). Sé que tengo prisa de que sucedan las cosas. Perdóname si he tratado de ponerte en mi agenda. Te pido que con paciencia gane mi alma (Lucas 21:19). Gracias porque cumplirás tu «propósito en mí» (Salmo 138:8).

Todo esto te lo pido en el nombre de Jesús.

✍ EL PODER DE LA PALABRA ✍

Por tanto, no desmayamos; antes aunque
este nuestro hombre exterior se va
desgastando, el interior no obstante
se renueva de día en día.
2 CORINTIOS 4:16

Porque los montes se moverán, y los
collados temblarán, pero no se apartará
de ti mi misericordia, ni el pacto de
mi paz se quebrantará, dijo Jehová,
el que tiene misericordia de ti.
ISAÍAS 54:10

No nos cansemos, pues, de hacer bien;
porque a su tiempo segaremos,
si no desmayamos.
GÁLATAS 6:9

Bendeciré a Jehová que me aconseja;
aun en las noches me enseña mi conciencia.
A Jehová he puesto siempre delante de mí;
porque está a mi diestra, no seré conmovido.
SALMO 16:7-8

Jehová te bendiga, y te guarde; Jehová haga
resplandecer su rostro sobre ti, y tenga
de ti misericordia; Jehová alce sobre ti
su rostro, y ponga en ti paz.
NÚMEROS 6:24-26

Notas personales

NOTAS PERSONALES

NOTAS PERSONALES

NOTAS PERSONALES

NOTAS PERSONALES

NOTAS PERSONALES

NOTAS PERSONALES

⁓ Notas personales ⁓

_____

_____

_____

_____

_____

_____

_____

_____

_____

_____

_____

_____

_____

_____

NOTAS PERSONALES

Notas personales

NOTAS PERSONALES

Una guía de salud emocional para mujeres

En *Busca la paz para tu corazón*, Stormie Omartian ofrece perspectivas personales sobre la salud emocional, a medida que te guía a transformar tu ser interior. Únete a ella en una travesía personal mientras camina contigo a través de asuntos tales como el reconocimiento de que Dios está de tu parte y la demostración de cómo vivir en obediencia de modo que logres obtener la entereza que deseas.

ERES LA NIÑA DE SUS OJOS

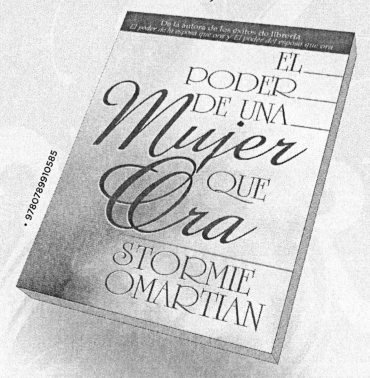

El poder de una mujer que ora

Quizá parezca fácil orar por tu esposo, tus hijos, tus amigos
y tu familia extendida, pero Dios también quiere escuchar las
peticiones por tu vida. Le encanta cuando vienes a Él por las
cosas que necesitas y le pides que te ayude a convertirte en la
mujer que siempre has deseado ser. Confía en Él en cada
momento las preocupaciones de tu corazón y descubre
el asombroso poder que la oración liberará en tú vida.

Disponibles en su librería cristiana favorita.

www.editorialunilit.com